¡Nos vemos!

Paso a paso 4

Libro del alumno A2.2

Eva María Lloret Ivorra
Rosa Ribas
Bibiana Wiener
Pilar Pérez Cañizares

¡Nos vemos!

Paso a paso 4

A2.2

Autoras
Eva María Lloret Ivorra
Rosa Ribas
Bibiana Wiener
Pilar Pérez Cañizares
Colaboración
Dr. Margarita Görrissen, Dr. Marianne Häuptle-Barceló
Coordinación editorial y redacción
Mónica Cociña, Pablo Garrido, Dr. Susanne Schauf, Beate Strauß
Diseño y dirección de arte
Óscar García Ortega, Luis Luján
Maquetación
Asensio S.C.P.
Ilustración
Jani Spennhoff, Barcelona

Fotografías
Cubierta Album/Miguel Raurich **Unidad 1** pág. 6 Beowulf Sheehan/writers/Album, Joan Vidal/Album, Album/i15-KPA-ZUMA; pág. 8 Istockphoto; pág. 9 Bibiana Wiener, pág. 12 Istockphoto, Avenue Images, pág. 13 Departamento de Documentación del Diario Vasco, pág. 15 Bibiana Wiener, Javier Aparicio, García Ortega, Istockphoto; **Unidad 2** pág. 16 Istockphoto; pág. 17 Istockphoto; pág. 19 Istockphoto, Archivo Klett; pág. 20 Istockphoto; pág. 21 Departamento de Comunicación Balneario de Mondariz, Aguas de Mondariz; pág. 22 Departamento de Comunicación Balneario de Mondariz; pág. 25 Achivo Klett, Dreamstime; **Unidad 3** pág. 26 mcertou/Flickr, Edith Moreno; pág 27 BIbiana Wiener; pág. 28 Istockphoto, Thinkstock/Getty Images; pág. 30 Archivo Klett; pág. 31 Thinkstock/Getty Images; pág. 32 Istockphoto; pág. 35 Archivo Klett, Age fotostock, joe calhoun/Flickr; **Unidad 4** pág. 38 Museu Fundación Juan March, Palma; **CUADERNO DE EJERCICIOS Unidad 1** pág. 43 Joshua Hodge Photography/Istockphoto; pág. 44 Cristian Lazzari/Istockphoto; pág. 45 Daniela Jovanovska-Hristovska/Istockphoto; **Unidad 2** pág. 50 hemmo/Istockphoto, archivo Klett; pág. 51 Jarroyo1982/Dreamstime; pág. 52 Ullstein Bild GmbH; **Unidad 3** pág. 56 Nicholas Belton/Istockphoto; pág. 58 Slyadnyev Oleksandr/Dreamstime; pág. 59 Aldo Murillo/Istockphoto, Carmen Martínez Banús/Istockphoto, pág. 60 Joshua Hodge Photography/Istockphoto; **Unidad 4** pág. 63 photooiasson/Istockphoto.

Audiciones CD
Estudio de grabación Tonstudio Bauer GmbH, Ludwigsburg y Difusión.
Locutores José María Bazán, Mónica Cociña, Miguel Freire, Pablo Garrido, Helma Gómez, Pilar Klewin, Lucía Palacios, Ernesto Palaoro, Carmen de las Peñas, Pilar Rolfs, Carlos Segoviano, Teresa Staigmiller, Julia Vigo.

Agradecimientos
Carolina Domínguez, Agustín Garmendia, Edith Moreno, Veronika Plainer, Victoria Senén (Gabinete de Prensa. Fundación Juan March).

Agradecemos especialmente la colaboración en la sección De fiesta de Javier Aparicio, Carmen Barrio de Alarcón, Nieves Castells Fernández, Silvia Colina, Pilar Klewin, Leonor Lemp, Begoña Sáenz, Eva Martínez, Blanca Alicia Merino, Charo Torres Calderón, Virginia Zepeda Villagra.

ISBN: 978-84-8443-802-1
Depósito legal: B-12.252-2011
Impreso en España por Gráficas Soler

Índice

Estructura de ¡Nos vemos!

¡Nos vemos! Paso a paso es un manual para descubrir el mundo de habla hispana y aprender a comunicarse en muchas situaciones de la vida cotidiana. En un mismo libro se ofrecen el Libro del alumno y el Cuadeno de ejercicios.

Cada unidad del Libro del alumno tiene la siguiente estructura:

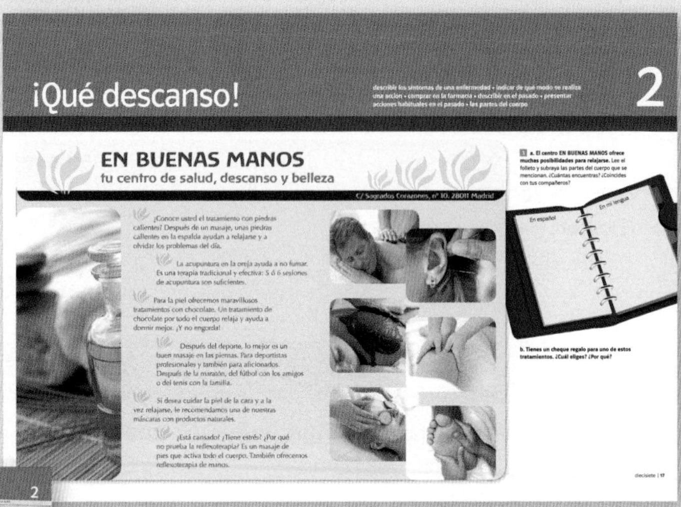

Una página doble de **portadilla** presenta los objetivos, activa los conocimientos previos e introduce el tema de la unidad.

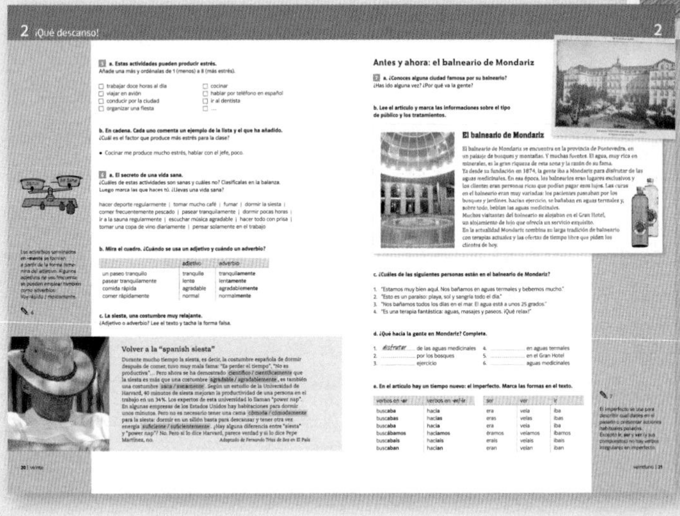

Tres páginas dobles forman el corazón de la unidad. Contienen textos vivos e informativos para familiarizarse con el idioma y actividades para aplicar de inmediato lo aprendido.

Una **tarea final** servirá para convertir los conocimientos adquiridos en algo práctico para la vida real. Junto con sus compañeros, el estudiante elaborará un "producto" que podrá guardar en el dosier de su portfolio.

¿Qué me llevo de esta etapa? es una sección ideada para dar cabida a las necesidades personales del alumno. Aquí reflexionará sobre los aspectos de la unidad necesarios para él, conocerá las estrategias que ha usado consciente o inconscientemente y encontrará consejos que le facilitarán el aprendizaje.

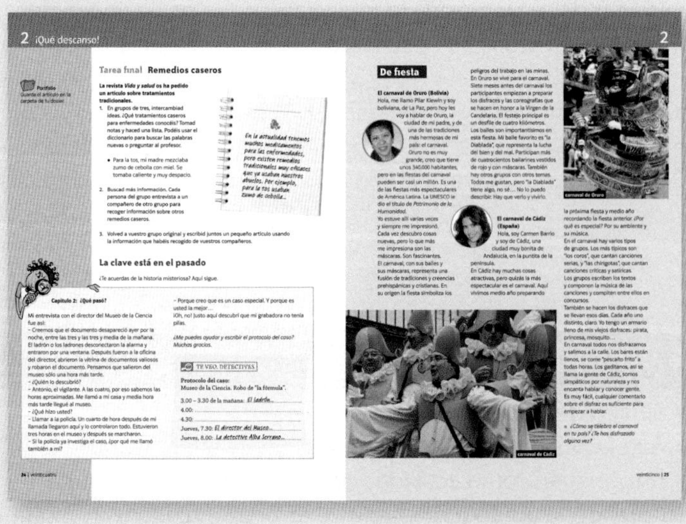

En el apartado **Panamericana**, toma la palabra una persona que habla de su propio país. De esta manera, a lo largo del manual se realiza un interesante recorrido cultural por toda Latinoamérica.

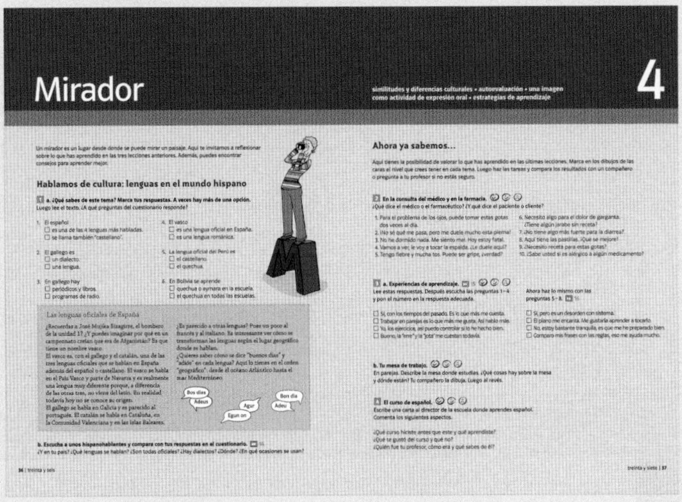

Cada libro se cierra con una **unidad de revisión**, llamada **Mirador**, en la que se ofrece una vista global sobre todos los conocimientos lingüísticos y culturales adquiridos. Además, estas unidades de repaso permiten experimentar con las estrategias de aprendizaje y tratar los errores. Al final, el propio estudiante elaborará un juego para repetir la materia.

Estructura del Cuaderno de ejercicios

Las unidades del Cuaderno de ejercicios proporcionan:

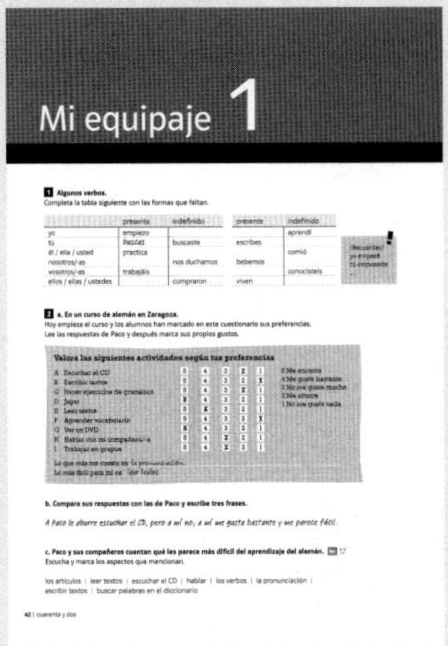

Numerosas actividades para consolidar el vocabulario y la gramática vistos en el Libro del alumno.

Una actividad orientada al español de los negocios con carácter opcional en la sección **Mundo profesional**.

Una **sección dedicada a la fonética** (**Pronunciar bien**) en la que se dan consejos relacionados con ciertas características de la pronunciación del español. El estudiante reflexiona y practica.

Un apartado (**Portfolio**) en el que el estudiante tendrá ocasión de **autoevaluar su progreso**.

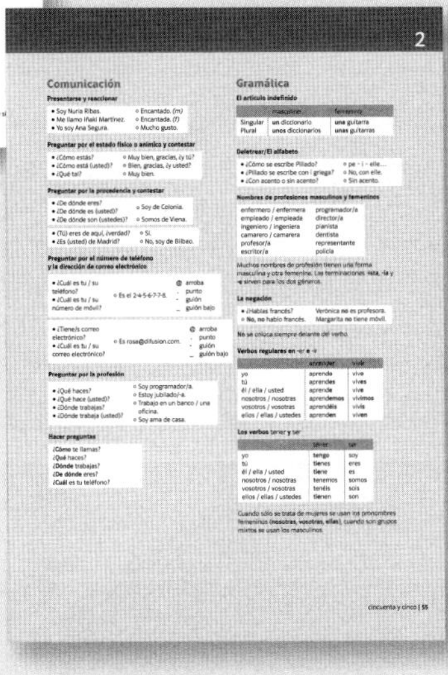

Un **resumen gramatical** en el que se recogen los **recursos lingüísticos** de cada unidad.

Como en el Libro del alumno, cada **Mirador** sirve para hacer un alto en el camino y **comprobar los conocimientos adquiridos mediante tests**.

Símbolos utilizados en el libro:

- audiciones del libro junto con los números de las pistas del CD
- ejercicio adicional en el Cuaderno de ejercicios
- actividad que implica ir por la clase y preguntar a varios compañeros

Mi equipaje

Umberto Eco, escritor y filósofo italiano

Gwyneth Paltrow, actriz estadounidense

hablar de experiencias, preferencias y dificultades relacionadas con el aprendizaje del español • describir el carácter de una persona • expresar deseos • nombrar el material del que están hechas las cosas y su función • resaltar algo

1

Viggo Mortensen, actor estadounidense

1 a. Estas personas han aprendido español. ¿Las conoces?

b. ¿Quién habla en este texto?
¿Qué información te ha ayudado a identificar a la persona?
¿Por qué le gustan los hispanohablantes?
¿Piensas lo mismo?

c. Y tú, ¿por qué estudias español?
¿Dónde has estudiado español hasta ahora?
¿Qué esperas hacer en este curso?

"Creo que lo aprendí porque me gusta mucho como suena el idioma y me gustan las personas que lo hablan… En el colegio, con sólo 15 años, tuve la oportunidad de ir a estudiar a España. Para mis padres fue una sorpresa, pero me dejaron ir. Estudié en Talavera de la Reina, una pequeña ciudad en la provincia de Toledo, cerca de Madrid. Viví con una familia española, gente sensacional. Hasta hoy tengo contacto con ellos. Los visito todos los años. Aquella época fue muy feliz, aprendí a conocer y a amar el carácter de los españoles y los latinos en general. También me gusta mucho América Latina, especialmente nuestro país vecino, México. He estado varias veces allí y es un país precioso.
Me gustan el español y los hispanohablantes porque son gente muy abierta, muy cariñosa y sobre todo muy espontánea. Esa naturalidad, el saber vivir, es para mí algo maravilloso."

Adaptado de Vanidades

Mi maleta del español

2 a. ¿Sabes cuántas personas hablan español en el mundo?
¿Y cuánta gente estudia esta lengua? ¿En qué países viven más hispanohablantes?
Lee el texto y completa los datos.

El español en el mundo			
Hispanohablantes		Estudiantes de español	
en el mundo:	....	en el mundo:	....
en España:	....	en EE. UU.:	....
en México:	....	en Brasil:	....
en EE. UU.:	....	en Alemania:	....

El valor del español

El español ocupa un lugar muy importante como lengua de comunicación internacional: es la cuarta lengua más hablada en el mundo después del chino, el inglés y el hindi. Pronto el número de hispanohablantes va a ser de 500 millones. El país con el mayor número de hispanohablantes es México, con más de 90 millones. El segundo, Estados Unidos, donde ya viven 45 millones de hispanohablantes. En tercer lugar está España, con 40 millones.
En la actualidad unos 14 millones de alumnos en el mundo estudian español como lengua extranjera. El mayor número está en el continente americano con cerca de siete millones de estudiantes en total, seis millones en Estados Unidos y uno en Brasil. En el resto del mundo el número de estudiantes es cada día mayor. Por ejemplo, en Alemania estudian español unas 450 000 personas. Es comprensible si pensamos que el español es el vehículo para llegar al rico patrimonio cultural de España y Latinoamérica.

datos extraídos de la Enciclopedia del español en el mundo *del Instituto Cervantes*

b. Un poco de matemáticas.
¿Cuántos millones de personas en el mundo hablan y estudian español en total?
¿Cuántas personas hablan español en los tres países con más hispanohablantes?

3 a. Experiencias con el español.
Todos llegamos al curso con una "maleta de conocimientos" sobre el español.
¿Qué traemos en ella? Pregunta a tres compañeros.

¿En qué año empezaste a estudiar español? ¿Dónde?
¿Recuerdas las primeras palabras que aprendiste?
¿Qué palabras te parecen difíciles de pronunciar en español?
¿Has aprendido alguna vez una frase de memoria?
¿Cuál es el aspecto gramatical más difícil para ti?
¿Puedes mencionar un aspecto cultural interesante?
¿Practicas español también fuera de la clase?
¿Cuándo fue la última vez que hablaste con un hispanohablante?

¿Recuerdas el indefinido?	
habl**é**	aprend**í**
habl**aste**	aprend**iste**
habl**ó**	aprend**ió**
habl**amos**	aprend**imos**
habl**asteis**	aprend**isteis**
habl**aron**	aprend**ieron**

b. Ahora presenta algunas respuestas interesantes a la clase.

4 a. Mis preferencias.

Ordena las actividades de clase según tus preferencias de 1 (más) a 9 (menos).

☐ hablar con mis compañeros/-as	☐ escuchar el cedé	☐ escribir textos
☐ hacer ejercicios de gramática	☑ trabajar en parejas	☐ leer textos
☐ actividades con movimiento	☐ buscar una regla	☐ hacer juegos

b. Presenta ahora tus preferencias según el modelo. Tus compañeros reaccionan.

expresar preferencias y dificultades	
Me gusta…	Lo que más me gusta es leer textos.
Me aburre…	Lo que me aburre es hacer ejercicios.
Me cuesta…	Lo que me cuesta son los pronombres.
Me parece fácil / difícil…	Lo que me parece fácil es escribir.

- Me cuesta mucho leer en voz alta.
- Pues a mí no. Lo que me parece difícil es entender el cedé.

¿Recuerdas?

- Me gusta…
- A mí también. / A mí no.
- No me gusta…
- A mí tampoco. / A mí sí.

✎ 1-3

Dime dónde estudias y te digo cómo eres

5 a. ¿Cómo se llaman estos objetos?

Pon los números en las casillas correspondientes. ¿Cuáles tienes en tu escritorio o usas para estudiar?

- ☐ bolígrafo
- ☐ 6 lápiz
- ☐ marcador
- ☐ clip
- ☐ cuaderno
- ☐ 1 tijeras
- ☐ libros
- ☐ goma de borrar
- ☐ hojas de papel
- ☐ 2 diccionario
- ☐ carpeta

b. Describir objetos. Completa con un ejemplo para cada material y función.

Es…		Sirve para…			
de papel	....	escribir	bolígrafo	guardar papeles	....
de metal	....	cortar	....	buscar palabras	....
de plástico	....	borrar	....	marcar textos	....
de madera	....	dibujar	....	tomar notas	....

c. Elige tres objetos de la foto y descríbelos. Tu compañero adivina cuáles son.

✎ 4

Los adjetivos que terminan en **-or** forman el femenino con **-ora**:
trabajador - trabajadora
hablador - habladora

6 **a. Escucha a tres personas. ¿De quién crees que es el escritorio de la foto?** ⏭ 1–3

b. Escucha otra vez. ¿Cómo son las personas? Anota tres adjetivos para cada una.

caótico | creativo | comunicativo | desordenado | disciplinado | espontáneo | hablador | impulsivo | ordenado | sistemático | paciente | perfeccionista | trabajador | tranquilo | reservado

El hombre es ....

La mujer mayor es ....

La mujer joven es ....

c. ¿Qué tipo de estudiante eres?
Marca con una cruz cómo te ves a ti mismo y coméntalo después con un compañero.

paciente					impaciente
ordenado					desordenado
sistemático				x	caótico
comunicativo					reservado

Soy [demasiado / muy / bastante / un poco] impaciente.
No soy nada impaciente.

✎ 5, 6

- Yo creo que soy bastante paciente, pero no muy sistemático.

7 **a. ¿Dónde y cómo estudias español?**
Describe tu lugar de estudio y elige tres adjetivos que caracterizan tu forma de estudiar.

b. Para tener éxito.
No existe la receta mágica para aprender español, pero sí conocemos algunos de sus ingredientes. ¿Qué porcentaje piensas que tienes de estas cualidades? Si quieres, puedes añadir más ingredientes.

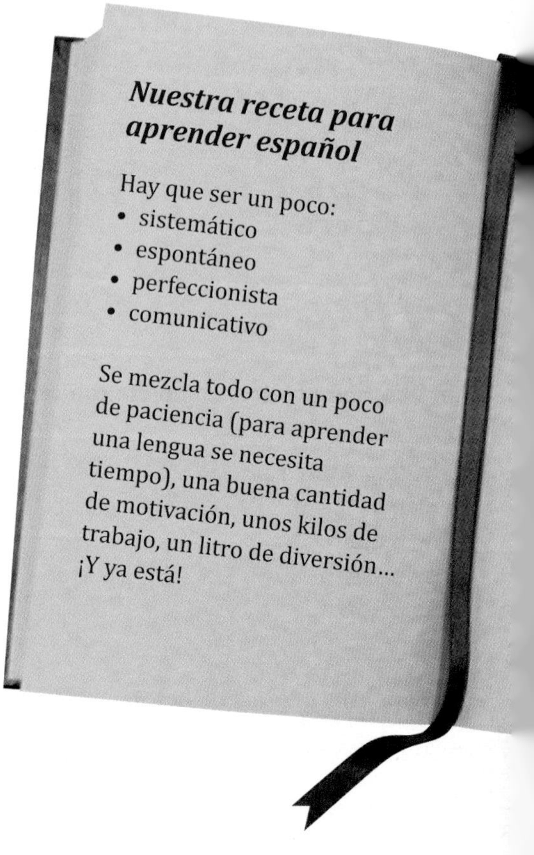

8 a. Una canción de desamor.

Noche, pasión, gramática, amor, guitarra, sol, verbo. Sin leer el texto, ¿cuáles de estas palabras crees que van a aparecer en la canción?

b. Escucha y completa la canción con las palabras que faltan. ⏭ 4

Fue amor desde el primer día.
Te conocí y me apasioné.
Te di mis días, mis ...., mis horas.
Todo, todo esto te di.

Cada noche vine a verte
Y trabajé sólo para ti,
Quise estudiarte y conocerte,
Y ahora te ríes de mí.

Todo, todo, todo esto te di.
Ahora me dices que hay otros.
Pero yo voy a seguir.
Todo, todo, todo esto te di.
No tengo miedo al pasado
Por eso voy a seguir.

Puse todo mi ....
Para poderte comprender
Y ahora me dices que hay otros
Otros .... que aprender.

Porque es que sin ti, ...,
Yo ya no puedo vivir
Con o sin ....
Lo tengo que conseguir.

Todo, todo, todo esto te di.
Ahora me dices que hay otros.
Pero yo voy a seguir.
Todo, todo, todo esto te di.
No tengo miedo al pasado
Por eso voy a seguir.

c. ¿Quién es el/la amante? ¿Puedes poner un título a la canción?

d. En la canción hay algunas formas irregulares del indefinido. ¿Cuáles son?
La tabla te sirve de ayuda. ¿Cuál es el infinitivo?

	tener
yo	tuv**e**
tú	tuv**iste**
él / ella / usted	tuv**o**
nosotros/-as	tuv**imos**
vosotros/-as	tuv**isteis**
ellos / ellas / ustedes	tuv**ieron**

Infinitivo	Raíz	Terminación
estar	**estuv-**	e
poder	**pud-**	iste
poner	**pus-**	o
hacer	**hic-**	imos
querer	**quis-**	isteis
venir	**vin-**	ieron

decir: dije, dijiste, dijo…
dar: di, diste, dio…
ver: vi, viste, vio…
ser / ir: fui, fuiste, fue…
hacer: hice, hiciste, hi**z**o…

Estos verbos irregulares en indefinido tienen raíces diferentes, pero las terminaciones son iguales para todos.

e. Gimnasia verbal de indefinidos irregulares.
En cadena. Uno dice una de estas expresiones en infinitivo y un pronombre.
La persona siguiente la dice en indefinido y luego elige otra expresión.

tener miedo | dar un paseo | estar cansado | poner la mesa | hacer la maleta | decir la verdad | ver la tele | venir a clase | no poder dormir | ir de vacaciones

- Tener miedo, vosotros.
- Tuvisteis miedo. Decir la verdad, tú.

✎ 7

9 En parejas. Una entrevista a tu compañero.
Formula las preguntas y al final elige dos informaciones para presentarlas.

- hacer un examen el curso pasado
- aprender a hacer algo nuevo el año pasado
- estar en un país hispanohablante el año pasado
- ver una película en español el mes pasado

● ¿Hiciste un examen el curso pasado?

Lo aprendí hace poco tiempo

10 a. Escucha y relaciona los textos con las fotos. ⏭ 5-7
Luego escucha otra vez y completa la tabla.

	¿Qué aprendiste?	¿Cuándo lo aprendiste?	¿Con quién?	¿Dónde?
1. Ana	Tenis	hace cinco años	Una amiga	club deportivo campanadas de te.
2. Eric	Guitarra	en 2009		solo depues escue
3. Eva	Informatica	~~xxxx~~ 6 meses	con mi hijo	academie de ma

b. Con ayuda de la tabla, resume en una frase la experiencia de cada persona.

c. Marca las informaciones correctas y corrige las falsas.
Luego subraya en estas frases las expresiones de tiempo. ¿Cómo se traducen a tu lengua?

1. ☐ Ana practica su deporte favorito desde hace cinco años.
2. ☐ Ana está casada con su entrenador desde hace un año.
3. ☐ Eric toca la guitarra desde 2009.
4. ☐ Hace seis meses Eva decidió aprender a utilizar el ordenador.

desde + punto en el tiempo	desde hace + cantidad de tiempo
desde + el martes 2006	desde + hace dos días hace unos años

d. Me gustaría aprender a bailar.
En la infancia aprendemos muchas cosas, pero también de adultos podemos aprender cosas nuevas. Además de español, ¿qué otras cosas te gustaría aprender?

tocar un instrumento | jugar al ajedrez | conducir una moto | cocinar | bailar flamenco o salsa | pintar | esquiar | bucear | …

¿Recuerdas?

hace [dos días / un mes / unos años

✎ 8-10

Me gustaría + Infinitivo
Me gustaría aprender a pintar.

"Aprendí a nadar a los 30 años y hoy gano medallas"

José Mujika Eizagirre es bombero en San Sebastián y además un gran deportista. En los campeonatos mundiales de bomberos del año 2008 en Liverpool ganó tres medallas de oro en natación.

José, todos sabemos que los bomberos están muy en forma, pero ganar medallas ya es algo especial, ¿no?
Bueno, yo siempre he practicado mucho deporte, pero curiosamente aprendí a nadar muy tarde. La mayoría de la gente lo aprende en la infancia, pero yo lo hice a los 30 años cuando entré en los bomberos en 1993.
¡No me digas! ¿Cómo fue la experiencia?
Fue un poco difícil: tuve que superar el miedo al agua y, claro, la vergüenza. Pero encontré un profesor excelente que me ayudó mucho. Con su ayuda aprendí muy rápido. Me sentí muy orgulloso porque muchas veces se piensa que los adultos no pueden aprender estas cosas, pero nunca es demasiado tarde. Ahora me encanta nadar y desde hace tres años nado tres horas todos los días para entrenarme.
¿El campeonato en Liverpool fue tu primer campeonato?
No, el primero fue en 2006 en Australia y el segundo en 2007 en Canadá.
Tienes una anécdota simpática. ¿Nos la cuentas?
Sí. Como mi apellido suena un poco extraño, cuando gané una de las medallas escribieron como nacionalidad Afganistán.

Adaptado del *Diario Vasco*

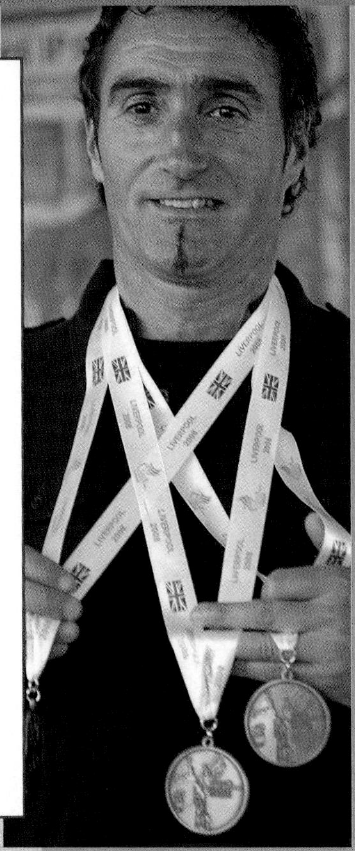

11 a. Lee la entrevista y marca la respuesta correcta.

1. José Mujika participó por primera vez en un campeonato...
   ☐ en 1993. ☒ en 2006. ☐ en 2008.
2. Los mundiales de natación en Liverpool fueron su ... campeonato.
   ☐ primer ☐ segundo ☒ tercer
3. Ganó tres medallas de oro en...
   ☐ Australia. ☒ Inglaterra. ☐ Afganistán.

b. Marca en el texto todas las expresiones que se refieren al tiempo y completa estas informaciones con las expresiones adecuadas.

1. José Mujika es bombero .... 1993.
2. Aprendió a nadar muy tarde, ... años.
3. .... 2006 participa todos los años en campeonatos de bomberos.
4. Ganó tres medallas de oro en 2008, es decir, ... años.
5. .... tres años nada todos los días unas tres horas.

c. Escríbele un correo electrónico a un amigo.
Tienes una amigo de 40 años que quiere aprender a nadar. Para motivarlo, escríbele contando la experiencia de José.

12 Piensa en dos experiencias de aprendizaje. Después se comentan entre todos.

- algo que aprendiste muy joven
- algo que aprendiste muy tarde
- algo que aprendiste muy rápido
- algo que te costó mucho aprender

✎ 11, 12

Tarea final **El equipaje de la clase**

Portfolio
Guarda tu perfil y el resumen en la carpeta de tu dosier.

El perfil de nuestro grupo.

1. Completa tu perfil como estudiante de español. Después, los perfiles se exponen en el aula.

2. Se forman tres grupos. Cada grupo se concentra en uno de los tres aspectos y hace un resumen de la información más importante.

   Grupo 1:
   ¿Qué saben ya?

   Grupo 2:
   ¿Qué quieren aprender?

   Grupo 3:
   ¿Qué les cuesta más o menos?

3. Los grupos presentan sus resultados.

MI PERFIL

Estudio español desde

....

y empecé en (dónde)

....

1 Creo que ya sé...

....

....

2 Quiero aprender...

....

....

3 Me cuesta mucho...

....

pero no me cuesta...

....

La clave está en el pasado

Este es el primer capítulo de una historia misteriosa que sigue en cada lección. Para aclarar el misterio necesitamos tu ayuda. ¿Quieres participar?

Capítulo 1: Se busca asistente

Me presento: me llamo Alba Serrano y soy detective privada. Trabajo en Barcelona en mi propia agencia, "Te veo. Detectives".
La semana pasada, el jueves por la mañana, recibí una llamada del director del Museo de la Ciencia de Barcelona.
– Agencia de detectives "Te veo". Habla usted con Alba Serrano. Dígame.
– Señora Serrano, necesito sus servicios.
– ¿De qué se trata?
– Un robo. Un documento muy valioso. Pero no quiero contarlo por teléfono. ¿Puede venir?
– Claro.
Salí de mi oficina. Tomé un taxi y llegué sólo media hora más tarde al museo. En su oficina el director me dio más detalles.
– ¿Es un documento importante?
– Muy importante. Es "la fórmula". Sin ella no es posible aprender lenguas.
– ¡Qué horror!
– Sí, es terrible.
El director me miró y me preguntó:
– ¿Acepta el caso, señora Serrano?
– Por supuesto.
Está claro que no puedo trabajar sola en este caso porque es muy complicado. Necesito un asistente. ¿Quieres serlo tú?

Escribe un currículum: nombre, cuándo y dónde naciste, dónde fuiste a la escuela, cuándo empezaste a aprender español... ¿Por qué eres tú mi asistente ideal? Menciona tres cualidades.

De fiesta

un belén

La Navidad

La Navidad tiene en todos los países hispanohablantes un carácter festivo y alegre. Se decora la casa con el árbol de Navidad y el belén; se comen dulces típicos y hay mucha alegría. Pero en cada país hay algo especial.

Virginia Zepeda, profesora de español, es de México, D.F. y nos habla de una tradición navideña mexicana.

"Las posadas se celebran entre el 16 y el 24 de diciembre. Durante esos días en cada casa se prepara comida para la gente que pide "posada", es decir comida y casa. Esta tradición simboliza la peregrinación a Belén de San José y la Virgen María. En realidad, la fecha de las posadas coincide con una celebración prehispánica azteca en honor al sol, que después se cristianizó.

Las personas que piden posada pueden ser familiares, amigos o vecinos. A casa de mis padres van también sus compañeros de trabajo. Los que piden posada cantan canciones tradicionales, y los dueños de la casa los invitan a comer. Para mí son recuerdos hermosos de mi infancia y creo que también muestra la hospitalidad de los mexicanos."

"Hola, me llamo Javier y soy profesor de español. Os voy a contar cómo es la fiesta de los Reyes Magos en España, quizás la más bonita para los niños. Tradicionalmente los Reyes Magos, Melchor, Gaspar y Baltasar, traen los regalos a los niños. El día de Reyes es el día 6 de enero, pero la fiesta empieza ya el día 5 con la cabalgata, que es el desfile de los Reyes por la ciudad. Hay una en cada ciudad, y los niños salen a la calle a recibir a los Reyes. En mi ciudad, Madrid, la cabalgata es muy grande, con camellos de verdad. Los Reyes recorren muchas calles y regalan caramelos a los niños. Es una fiesta preciosa y los niños están alegres y emocionados. Algunos entregan cartas a los Reyes para decirles qué regalos desean. Yo todavía recuerdo mis cartas: "Queridos Reyes Magos: Este año he sido muy bueno…" Después de la cabalgata, los niños se acuestan. Antes dejan comida para los Reyes y agua para los camellos en la puerta. Todos intentan no dormir para poder verlos cuando entran en la casa a dejar los regalos. Pero nunca lo consiguen, y así conservan la ilusión un año más."

cabalgata de los Reyes Magos en España

- *¿Existe la tradición de los Reyes Magos en tu país? ¿Qué hacen?*
- *¿Cómo celebras tú la Navidad y la Nochevieja? ¿Dónde? ¿Con quién? ¿Se come algo especial? ¿Se hacen regalos? ¿A quién?*

¡Qué descanso!

EN BUENAS MANOS

tu centro de salud, descanso y belle

¿Conoce usted el tratamiento con piedras calientes? Después de un masaje, unas piedras calientes en la espalda ayudan a relajarse y a olvidar los problemas del día.

La acupuntura en la oreja ayuda a no fumar. Es una terapia tradicional y efectiva: 5 ó 6 sesiones de acupuntura son suficientes.

Para la piel ofrecemos maravillosos tratamientos con chocolate. Un tratamiento de chocolate por todo el cuerpo relaja y ayuda a dormir mejor. ¡Y no engorda!

Después del deporte, lo mejor es un buen masaje en las piernas. Para deportistas profesionales y también para aficionados. Después de la maratón, del fútbol con los amigos o del tenis con la familia.

Si desea cuidar la piel de la cara y a la vez relajarse, le recomendamos una de nuestras máscaras con productos naturales.

¿Está cansado? ¿Tiene estrés? ¿Por qué no prueba la reflexoterapia? Es un masaje de pies que activa todo el cuerpo. También ofrecemos reflexoterapia de manos.

describir los síntomas de una enfermedad • indicar de qué modo se realiza una acción • comprar en la farmacia • describir en el pasado • presentar acciones habituales en el pasado • las partes del cuerpo

2

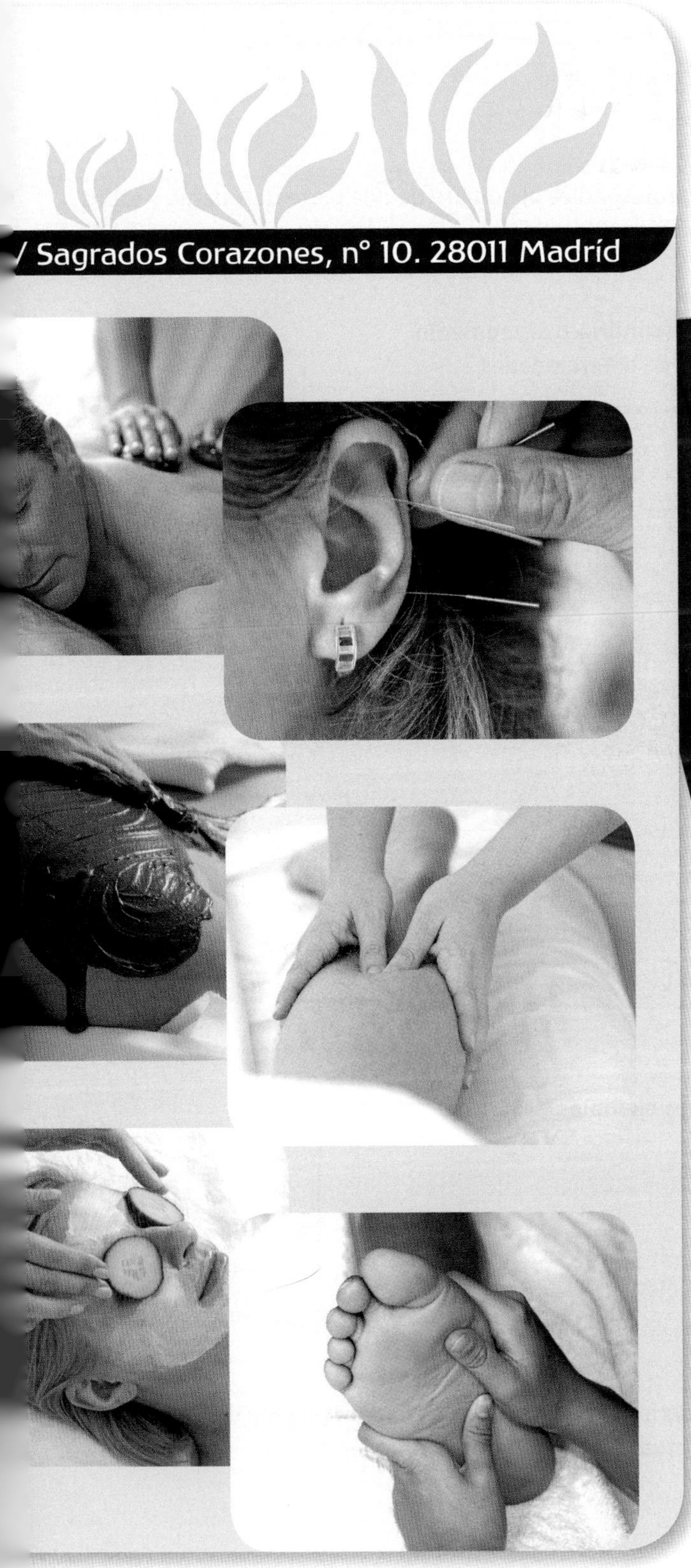

1 **a. El centro EN BUENAS MANOS ofrece muchas posibilidades para relajarse.** Lee el folleto y subraya las partes del cuerpo que se mencionan. ¿Cuántas encuentras? ¿Coincides con tus compañeros?

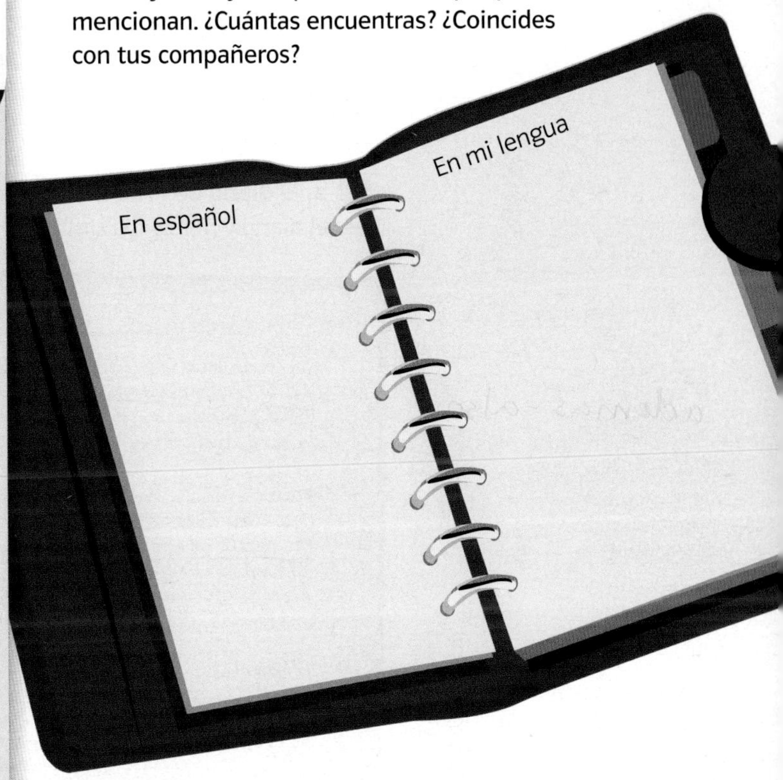

b. Tienes un cheque regalo para uno de estos tratamientos. ¿Cuál eliges? ¿Por qué?

Me duele todo

2 a. Completa con las partes del cuerpo que recuerdas.

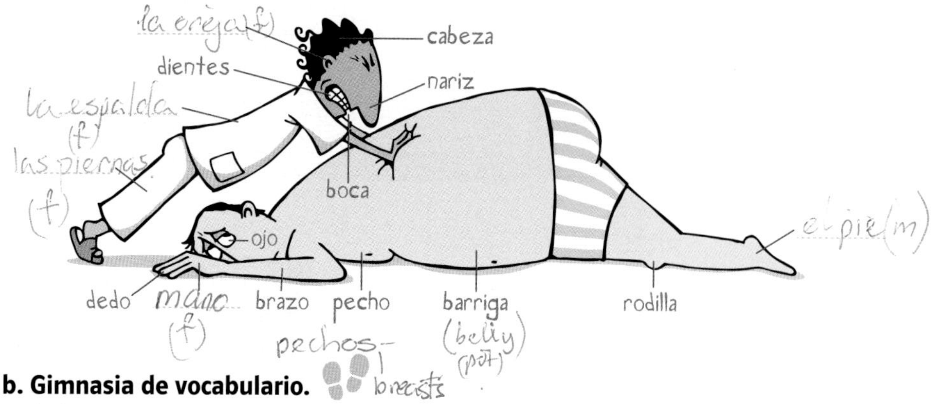

b. Gimnasia de vocabulario.
Toda la clase se levanta. Vuestro profesor dice el nombre de una parte del cuerpo y todos la señaláis en vuestro cuerpo lo más rápido posible.

1

3 a. El diario de Prudencio, hipocondríaco sin remedio.
Lee el diario y marca los síntomas de enfermedades.

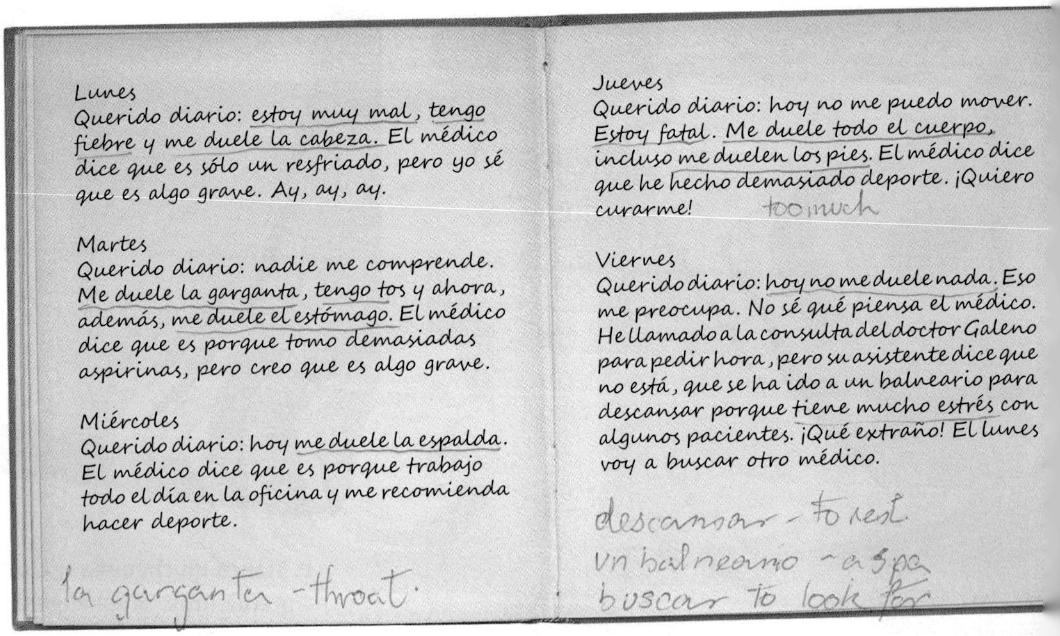

Lunes
Querido diario: estoy muy mal, tengo fiebre y me duele la cabeza. El médico dice que es sólo un resfriado, pero yo sé que es algo grave. Ay, ay, ay.

Martes
Querido diario: nadie me comprende. Me duele la garganta, tengo tos y ahora, además, me duele el estómago. El médico dice que es porque tomo demasiadas aspirinas, pero creo que es algo grave.

Miércoles
Querido diario: hoy me duele la espalda. El médico dice que es porque trabajo todo el día en la oficina y me recomienda hacer deporte.

Jueves
Querido diario: hoy no me puedo mover. Estoy fatal. Me duele todo el cuerpo, incluso me duelen los pies. El médico dice que he hecho demasiado deporte. ¡Quiero curarme!

Viernes
Querido diario: hoy no me duele nada. Eso me preocupa. No sé qué piensa el médico. He llamado a la consulta del doctor Galeno para pedir hora, pero su asistente dice que no está, que se ha ido a un balneario para descansar porque tiene mucho estrés con algunos pacientes. ¡Qué extraño! El lunes voy a buscar otro médico.

b. Completa la siguiente tabla con ejemplos del texto.

hablar de problemas de salud	
• ¿Qué te / le pasa? • ¿Qué te / le duele?	○ Tengo .... ○ Me duele .... ○ Me duele**n** .... ○ Estoy ....

c. En parejas. Elegid un día del diario de Prudencio y escribid un posible diálogo entre él y su médico. Después representadlo ante vuestros compañeros.

¿Recuerdas?
nadie nada nunca
Nadie me comprende. Hoy **no** me duele **nada**. **No** voy **nunca** a la playa.

Si **nada**, **nadie** o **nunca** van después de un verbo, tiene que ir un **no** delante de este.

tener: fiebre, gripe, tos, diarrea, alergia a...

estar: enfermo/-a, resfriado/-a, nervioso/-a, bien / mal / fatal

Sana, sana, colita de rana

4 a. ¿Qué haces tú en estos casos? ¿Puedes añadir más consejos?

Si me duele la cabeza, …	bebo zumo de limón caliente.
Si tengo fiebre, …	me quedo en la cama.
Si tengo gripe, …	tomo una infusión de hierbas.
Si tengo tos, …	bebo zumo de cebolla con azúcar.
Si estoy nervioso/-a, …	tomo una aspirina.
Si…	…

¿Recuerdas?

Me / Te / Le / Nos / Os / Les — duele la cabeza.

b. Prudencio va a la farmacia para comprar algunos medicamentos. 8

Escucha el diálogo y marca lo que compra.

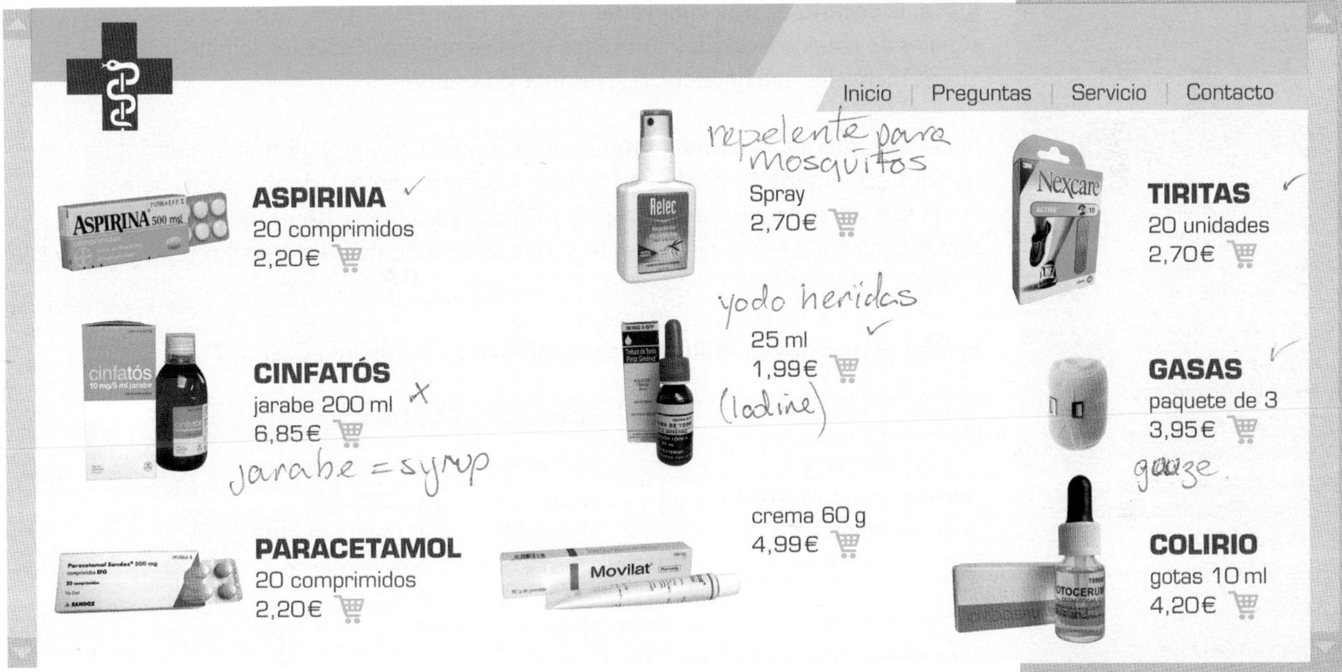

c. Escucha otra vez y marca las expresiones que escuchas.

en la farmacia	
• Necesito algo para el dolor de cabeza. ✓	○ Puede tomar… ✓
• ¿Tienen algo para…? ✓	○ ¿Por qué no toma…?
• Me duele la garganta, ¿qué me recomienda?	○ Conviene tomar estas pastillas.
• ¿No tiene algo más fuerte? ✓	○ Para eso se necesita receta. ✓

d. Vamos a dar consejos.

En grupos de tres: médico, naturista y paciente. El médico y el naturista tienen que dar un consejo al paciente, que elige el que más le gusta.

- Me duele la cabeza.
- ○ ¿Por qué no toma una aspirina?
- ■ ¿Y si bebe una infusión de hierbas?

2-5

5 a. Estas actividades pueden producir estrés.
Añade una más y ordénalas de 1 (menos) a 8 (más estrés).

- ☐ trabajar doce horas al día
- ☐ viajar en avión
- ☐ conducir por la ciudad
- ☐ organizar una fiesta
- ☐ cocinar
- ☐ hablar por teléfono en español
- ☐ ir al dentista
- ☐ …

b. En cadena. Cada uno comenta un ejemplo de la lista y el que ha añadido.
¿Cuál es el factor que produce más estrés para la clase?

- Cocinar me produce mucho estrés, hablar con el jefe, poco.

6 a. El secreto de una vida sana.
¿Cuáles de estas actividades son sanas y cuáles no? Clasifícalas en la balanza. Luego marca las que haces tú. ¿Llevas una vida sana?

hacer deporte regularmente | tomar mucho café | fumar | dormir la siesta | comer frecuentemente pescado | pasear tranquilamente | dormir pocas horas | ir a la sauna regularmente | escuchar música agradable | hacer todo con prisa | tomar una copa de vino diariamente | pensar solamente en el trabajo

Los adverbios terminados en **-mente** se forman a partir de la forma femenina del adjetivo. Algunos adjetivos de uso frecuente se pueden emplear también como adverbios:
Voy rápido / rápidamente.

✎ 6

b. Mira el cuadro. ¿Cuándo se usa un adjetivo y cuándo un adverbio?

	adjetivo	adverbio
un paseo tranquilo	tranquil**o**	tranquil**amente**
pasear tranquilamente	lent**o**	lent**amente**
comida rápida	agradable	agradable**mente**
comer rápidamente	normal	normal**mente**

c. La siesta, una costumbre muy relajante.
¿Adjetivo o adverbio? Lee el texto y tacha la forma falsa.

Volver a la "spanish siesta"

Durante mucho tiempo la siesta, es decir, la costumbre española de dormir después de comer, tuvo muy mala fama: "Es perder el tiempo", "No es productiva"... Pero ahora se ha demostrado científico / científicamente que la siesta es más que una costumbre agradable / agradablemente, es también una costumbre sana / sanamente. Según un estudio de la Universidad de Harvard, 40 minutos de siesta mejoran la productividad de una persona en el trabajo en un 34%. Los expertos de esta universidad lo llaman "power nap". En algunas empresas de los Estados Unidos hay habitaciones para dormir unos minutos. Pero no es necesario tener una cama cómoda / cómodamente para la siesta: dormir en un sillón basta para descansar y tener otra vez energía suficiente / suficientemente. ¿Hay alguna diferencia entre "siesta" y "power nap"? No. Pero si lo dice Harvard, parece verdad y si lo dice Pepe Martínez, no.

Adaptado de Fernando Trías de Bes en El País

Antes y ahora: el balneario de Mondariz

7 **a. ¿Conoces alguna ciudad famosa por su balneario?**
¿Has ido alguna vez? ¿Por qué va la gente?

b. Lee el artículo y marca las informaciones sobre el tipo de público y los tratamientos.

El balneario de Mondariz

El balneario de Mondariz se encuentra en la provincia de Pontevedra, en un paisaje de bosques y montañas. Y muchas fuentes. El agua, muy rica en minerales, es la gran riqueza de esta zona y la razón de su fama.
Ya desde su fundación en 1874, la gente iba a Mondariz para disfrutar de las aguas medicinales. En esa época, los balnearios eran lugares exclusivos y los clientes eran personas ricas que podían pagar esos lujos. Las curas en el balneario eran muy variadas: los pacientes paseaban por los bosques y jardines, hacían ejercicio, se bañaban en aguas termales y, sobre todo, bebían las aguas medicinales.
Muchos visitantes del balneario se alojaban en el Gran Hotel, un alojamiento de lujo que ofrecía un servicio exquisito.
En la actualidad Mondariz combina su larga tradición de balneario con terapias actuales y las ofertas de tiempo libre que piden los clientes de hoy.

c. ¿Cuáles de las siguientes personas están en el balneario de Mondariz?

1. "Estamos muy bien aquí. Nos bañamos en aguas termales y bebemos mucho."
2. "Esto es un paraíso: playa, sol y sangría todo el día."
3. "Nos bañamos todos los días en el mar. El agua está a unos 25 grados."
4. "Es una terapia fantástica: aguas, masajes y paseos. ¡Qué relax!"

d. ¿Qué hacía la gente en Mondariz? Completa.

1. disfrutar .... de las aguas medicinales
2. pasear .... por los bosques
3. hacer .... ejercicio
4. bañarse .... en aguas termales
5. alojarse .... en el Gran Hotel
6. beber .... aguas medicinales

e. En el artículo hay un tiempo nuevo: el imperfecto. Marca las formas en el texto.

verbos en **-ar**	verbos en **-er/-ir**
busc**aba**	hac**ía**
busc**abas**	hac**ías**
busc**aba**	hac**ía**
busc**ábamos**	hac**íamos**
busc**abais**	hac**íais**
busc**aban**	hac**ían**

ser	ver	ir	
era	veía	iba	yo
eras	veías	ibas	tú
era	veía	iba	el/ella
éramos	veíamos	íbamos	nosotros
erais	veíais	ibais	vosotros
eran	veían	iban	ellos/as

✎ 7

El imperfecto se usa para describir cualidades en el pasado o presentar acciones habituales pasadas.
Excepto **ir**, **ser** y **ver** (y sus compuestos) no hay verbos irregulares en imperfecto.

8 **a. Escucha ahora una entrevista con el director del balneario de Mondariz.** ⏭ 9
Marca qué aspectos corresponden a antes, a hoy o a las dos épocas.

	antes	hoy
sólo gente con dinero	✓	
público variado		✓
aguas medicinales	✓	✓
oferta deportiva		✓
problemas de estómago	✓	
dolores de espalda		✓
dolores de cabeza	✓	✓

b. Escribe un pequeño resumen de la entrevista y compara tu texto con el de un compañero.

Antes el público era sólo gente con dinero.

9 **¿Cómo eran unas vacaciones en la playa en el siglo XIX?**
En esta playa se ven actividades que no se practicaban en el siglo XIX. En cadena, decid qué cosas no son de la época sin repetir el verbo que ha usado otra persona.

llevar | escuchar | tener | jugar | hacer surf | bucear | usar | comer | beber

10 **a. La vida antes y hoy.**
En parejas, decidid a qué época(s) corresponden las siguientes cosas.
Luego comparad con otra pareja. ¿Tienen lo mismo?

libros | tenedor | motocicleta Vespa | sandalias | mamut | ropa hecha de pieles | balnearios | vino | teléfono | tomate | canalización | televisión

- En el Imperio Romano ya se bebía vino.

La Edad de Piedra

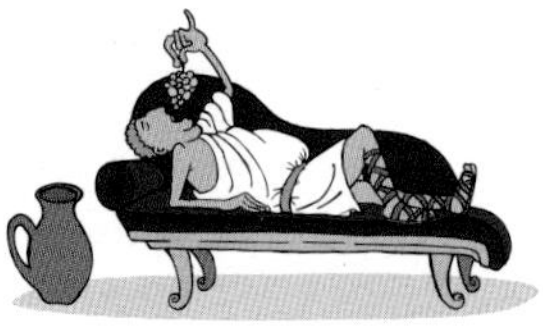

El Imperio Romano

Los años cincuenta

b. Mi vida antes y ahora.
¿Cómo era tu vida cuando tenías 16 años? Toma notas y luego compara con dos compañeros.

¿Qué ropa llevabas ? ¿Y hoy?
¿Qué música escuchabas? ¿Y hoy?
¿Dónde vivías? ¿Y hoy?
¿Qué hacías en tu tiempo libre? ¿Y hoy?
¿Dónde te encontrabas con tus amigos? ¿Y hoy?
¿Dónde pasabas las vacaciones? ¿Y hoy?

expresiones de tiempo
A los 16 años… Cuando tenía 16 años… Cuando vivía con mis padres… Cuando iba al colegio… En los años 80… Antes…

8, 9

Una tradición de siglos

11 a. ¿Con qué países asocias la palabra sauna**?**
Lee el texto sobre una tradición mexicana muy antigua. Busca las palabras en cursiva que corresponden a estas definiciones.

agua a 100° C transformada en gas: vapor
de la época anterior a la llegada de los españoles a América: ....
mujer que está esperando un bebé: ....
plantas aromáticas o medicinales: ....
compensar el agua perdida: ....

BAÑO DE TEMAZCAL

El baño de temazcal es un baño de origen *prehispánico* que se practicaba como ritual. Además tenía un uso terapéutico, incluso estético. El tratamiento era un baño de *vapor* aromatizado con *hierbas* frescas, como en las saunas actuales, pero también se tomaban tés y una sopa medicinal para *hidratar* el cuerpo después de la sauna.

Se iba al baño de temazcal para tratar problemas diferentes, por ejemplo dolores de espalda y dolores musculares. Las mujeres *embarazadas* lo usaban para relajarse antes del nacimiento del bebé. Una de las características del baño temazcal: no había separación de hombres y mujeres, todos lo usaban juntos.

En la actualidad todavía se usa como tratamiento medicinal, pero mucha gente también va sólo para relajarse.

b. La clase se divide en dos grupos. Cada grupo prepara cinco frases sobre el texto que pueden ser verdaderas o falsas. El otro grupo tiene que descubrir las falsas.

c. ¿Vas a la sauna? ¿Por qué (no)? ¿A quién se la puedes recomendar?

Tarea final Remedios caseros

Portfolio
Guarda el artículo en la carpeta de tu dosier.

La revista *Vida y salud* os ha pedido un artículo sobre tratamientos tradicionales.

1. En grupos de tres, intercambiad ideas. ¿Qué tratamientos caseros para enfermedades conocéis? Tomad notas y haced una lista. Podéis usar el diccionario para buscar las palabras nuevas o preguntar al profesor.
   - Para la tos, mi madre mezclaba zumo de cebolla con miel. Se tomaba caliente y muy despacio.
2. Buscad más información. Cada persona del grupo entrevista a un compañero de otro grupo para recoger información sobre otros remedios caseros.

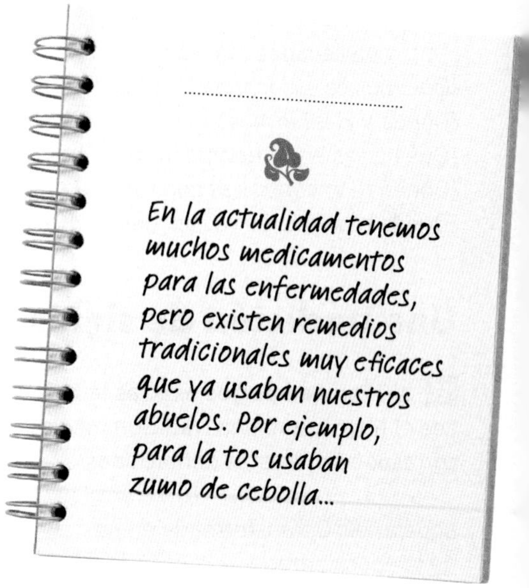

3. Volved a vuestro grupo original y escribid juntos un pequeño artículo usando la información que habéis recogido de vuestros compañeros.

La clave está en el pasado

¿Te acuerdas de la historia misteriosa? Aquí sigue.

Capítulo 2: ¿Qué pasó?

Mi entrevista con el director del Museo de la Ciencia fue así:
– Creemos que el documento desapareció ayer por la noche, entre las tres y las tres y media de la mañana. El ladrón o los ladrones desconectaron la alarma y entraron por una ventana. Después fueron a la oficina del director, abrieron la vitrina de documentos valiosos y robaron el documento. Pensamos que salieron del museo sólo una hora más tarde.
– ¿Quién lo descubrió?
– Antonio, el vigilante. A las cuatro, por eso sabemos las horas aproximadas. Me llamó a mi casa y media hora más tarde llegué al museo.
– ¿Qué hizo usted?
– Llamar a la policía. Un cuarto de hora después de mi llamada llegaron aquí y lo controlaron todo. Estuvieron tres horas en el museo y después se marcharon.
– Si la policía ya investiga el caso, ¿por qué me llamó también a mí?
– Porque creo que es un caso especial. Y porque es usted la mejor…
¡Oh, no! Justo aquí descubrí que mi grabadora no tenía pilas.

¿Me puedes ayudar y escribir el protocolo del caso? Muchas gracias.

TE VEO. DETECTIVES

Protocolo del caso:
Museo de la Ciencia. Robo de "la fórmula".

3.00 – 3.30 de la mañana: El ladrón...

4.00: ....

4.30: ....

Jueves, 7.30: El director del Museo...

Jueves, 8.00: La detective Alba Serrano...

De fiesta

El carnaval de Oruro (Bolivia)

Hola, me llamo Pilar Klewin y soy boliviana, de La Paz, pero hoy les voy a hablar de Oruro, la ciudad de mi padre, y de una de las tradiciones más hermosas de mi país: el carnaval.
Oruro no es muy grande, creo que tiene unos 340.000 habitantes, pero en las fiestas del carnaval pueden ser casi un millón. Es una de las fiestas más espectaculares de América Latina. La UNESCO le dio el título de *Patrimonio de la Humanidad*.
Yo estuve allí varias veces y siempre me impresionó. Cada vez descubro cosas nuevas, pero lo que más me impresiona son las máscaras. Son fascinantes.
El carnaval, con sus bailes y sus máscaras, representa una fusión de tradiciones y creencias prehispánicas y cristianas. En su origen la fiesta simboliza los peligros del trabajo en las minas.
En Oruro se vive para el carnaval. Siete meses antes del carnaval los participantes empiezan a preparar los disfraces y las coreografías que se hacen en honor a la Virgen de la Candelaria. El festejo principal es un desfile de cuatro kilómetros.
Los bailes son importantísimos en esta fiesta. Mi baile favorito es "la Diablada", que representa la lucha del bien y del mal. Participan más de cuatrocientos bailarines vestidos de rojo y con máscaras. También hay otros grupos con otros temas. Todos me gustan, pero "la Diablada" tiene algo, no sé… No lo puedo describir. Hay que verlo y vivirlo.

carnaval de Oruro

El carnaval de Cádiz (España)

Hola, soy Carmen Barrio y soy de Cádiz, una ciudad muy bonita de Andalucía, en la puntita de la península.
En Cádiz hay muchas cosas atractivas, pero quizás la más espectacular es el carnaval. Aquí vivimos medio año preparando la próxima fiesta y medio año recordando la fiesta anterior. ¿Por qué es especial? Por su ambiente y su música.
En el carnaval hay varios tipos de grupos. Los más típicos son "los coros", que cantan canciones serias, y "las chirigotas", que cantan canciones críticas y satíricas.
Los grupos escriben los textos y componen la música de las canciones y compiten entre ellos en concursos.
También se hacen los disfraces que se llevan esos días. Cada año uno distinto, claro. Yo tengo un armario lleno de mis viejos disfraces: pirata, princesa, mosquito…
En carnaval todos nos disfrazamos y salimos a la calle. Los bares están llenos, se come "pescaíto frito" a todas horas. Los gaditanos, así se llama la gente de Cádiz, somos simpáticos por naturaleza y nos encanta hablar y conocer gente. Es muy fácil, cualquier comentario sobre el disfraz es suficiente para empezar a hablar.

carnaval de Cádiz

■ *¿Cómo se celebra el carnaval en tu país? ¿Te has disfrazado alguna vez?*

¿Te acuerdas?

Un poco de nostalgia

¿Recuerdas? Los niños jugábamos todo el día en la calle, al fútbol, a saltar a la cuerda, a correr... Tomábamos leche con Cola-Cao para desayunar y veíamos las aventuras del delfín Flipper y del caballo Furia en la televisión en blanco y negro. En verano pasábamos las vacaciones en la playa después de un viaje muy largo en un Seat 600 sin aire acondicionado. Somos la generación de los sesenta.

En los años setenta también pasábamos las vacaciones en la playa después de un viaje muy largo, pero ya no era un Seat 600, quizás un Seat Panda. Aire acondicionado tampoco teníamos. Pero teníamos televisión en color. Veíamos "Bonanza" y "Vicky el Vikingo". Leíamos muchos cómics españoles, como "Mortadel y Filemón", o de otros países, como "Asterix".

hablar de recuerdos de la infancia • describir hábitos del pasado • contar una anécdota • estructurar una historia

3

¡Los ochenta! Veíamos los dibujos animados de "La abeja Maya" y llorábamos con "Heidi". En el cine nos emocionábamos con "E.T.". Los más pequeños aprendían las letras y los números con "Barrio Sésamo". Jugábamos con el cubo de Rubik. ¡Qué difícil era! En los ochenta aparecieron los primeros juegos de ordenador, como el tenis y el "comecocos", que en inglés se llamaba "pacman". ¿Y recuerdas la moda de los ochenta? ¿No? ¡Qué suerte!

1 ¿A qué jugaban, qué libros leían y qué veían los niños en estas épocas? ¿Y tú de niño?

	años 60
juegos	futbol en la calle
películas y programas de tele	Flipper y del caballo Furia
otras cosas	en verano pasaban en la playa

	años 70
juegos	
películas y programas de tele	tenían 4 en color Bonanza y Vicky el Vikingo
otras cosas	leían comics españoles

	años 80
juegos	el cubo de Rubik
películas y programas de tele	
otras cosas	

	tú
juegos	
películas y programas de tele	
otras cosas	

Un cuento antes de dormir

2 a. Rosa nos va a contar una anécdota de su infancia. 10
Antes de escucharla, lee las frases. ¿En qué orden crees que van a aparecer? Luego escucha y compara.

- ☐ Después de algunas frases mi hermana se durmió.
- ☑ 1 Mi hermana menor me pidió un cuento para poder dormirse.
- ☐ Repetí otra vez el cuento.
- ☐ Al día siguiente mi hermana me preguntó: ¿Cómo terminó el cuento?
- ☐ Al terminar el cuento, yo también me dormí.
- ☐ Así que empecé a contar un cuento.
- ☐ Pero yo seguí con el cuento hasta el final.

dormir ≠ dormirse !

b. ¿Qué más cosas se dicen? Escucha otra vez y toma notas.

1. ¿Dónde estaban las niñas?
2. ¿Cómo era la habitación?
3. ¿Cuántos años tenía la hermana?
4. ¿Cómo era el cuento?

c. Marca los verbos en las frases de 2 a y 2 b.
¿En qué tiempo están? ¿Cuáles se refieren a acontecimientos? ¿Cuáles a descripciones?

d. ¿A ti te contaban o te leían cuentos? ¿Quién? ¿Tenías una historia preferida?

3 a. En el mundo de los cuentos hay muchos animales.
¿A qué animal se refiere cada frase? Relaciona. ¿Conoces otros animales?

- ☐ Dicen que es el mejor amigo del hombre.
- ☐ Es muy individualista y cuando está feliz hace así: "ronronron".
- ☐ Medio de transporte de los príncipes en los cuentos.
- ☐ Este animal nos da el jamón y muchas otras cosas.
- ☐ Un viejo remedio para dormir es contarlas: una, dos, tres…
- ☐ Necesitamos su leche para el café.
- ☐ La gente lo relaciona siempre con España.
- ☐ Unos cantan y otros no. Algunos hablan, pero casi todos vuelan.
- ☐ Es el rey de los animales.

✎ 1–4

El ratoncito Pérez

el pulpo

la ostra

Había una vez una ostra que estaba muy triste.
–¿Qué te pasa? –le preguntó su amigo el pulpo que vivía en el fondo del mar.
–He perdido mi perla –respondió la ostra.
–¿Cómo era la perla? –preguntó el pulpo.
–Blanca, dura, pequeña y brillante –contestó la ostra.
El pulpo le prometió su ayuda y se marchó. Se encontró con una tortuga que estaba en la playa y le explicó el problema de la ostra. La tortuga le prometió su ayuda y se marchó. Se encontró con un ratón que paseaba por la playa. El ratón se llamaba Pérez.

la tortuga

el ratoncito Pérez

–La ostra ha perdido su perla.Tenemos que buscar algo blanco, pequeño, duro y brillante -dijo la tortuga al ratón.
El ratón empezó a buscar un objeto con estas características. Primero encontró un botón que era blanco, brillante y pequeño, pero no era duro. Después, encontró una piedra blanca, pequeña y dura, pero no era brillante. Al final encontró una moneda de plata que era blanca, dura y brillante, pero no era pequeña.
El ratón volvió a su casa triste y frustrado. La casa del ratón estaba en la habitación de un niño detrás del armario. En la mesa de noche encontró un diente del niño; el ratón lo tocó: era blanco, pequeño, duro y brillante.

la moneda

el diente

Entonces tomó el diente y lo cambió por la moneda de plata. Luego corrió a la playa y le dio el diente a la tortuga, la tortuga al pulpo y el pulpo a la ostra, que se puso muy contenta porque el diente era muy parecido a la perla perdida. Lo puso en el sitio de la perla y nadie pudo notar la diferencia.

Por eso, desde entonces, cuando un niño pierde un diente de leche, lo pone debajo de la almohada y por la noche el ratoncito Pérez viene a buscarlo y lo cambia por dinero.

b. El protagonista del cuento favorito de Rosa es un ratón.
Lee el cuento. ¿En qué orden aparecen los animales de los dibujos?

c. ¿Qué frase resume mejor el cuento?

1. La ostra perdió un diente y el ratoncito lo encontró.
2. La tortuga encontró una perla, no sabía de quién era y la cambió por dinero.
3. El ratoncito Pérez ayudó a la ostra a buscar la perla perdida.
4. Una ostra, un pulpo, una tortuga y un ratón decidieron ser músicos en Bremen.

d. ¿Existe el ratoncito Pérez en tu país?
¿Se hace algo cuando los niños pierden los dientes de leche?

!
poner ≠ ponerse
encontrar ≠ encontrarse

diminutivos	
ratón	raton**cito**
casa	cas**ita**
pequeño	pequeñ**ito**

✎ 5, 6

4 a. Subraya en el cuento del ratoncito Pérez los verbos en indefinido y en imperfecto con dos colores diferentes.

b. Relaciona las partes de frases para resumir la historia. Después, completa la regla.

indefinido	imperfecto
El pulpo **se encontró** con una tortuga	que *paseaba* por la playa.
Ella **se encontró** con un ratón	que *estaba* en la habitación de un niño.
Primero el ratón **encontró** un botón.	porque *era* parecido a la perla.
Al final **volvió** a su casa	que *estaba* en la playa.
El ratón **tomó** el diente	*Era* blanco, pequeño y brillante.

El desarrollo de la historia está en ...indefinido... .
Circunstancias y hábitos están en ...imperfecto... .

5 a. Dos tiempos del pasado, dos significados.
¿Recuerdas a estas personas? Lee el texto. ¿Se puede entender la historia o falta algo importante?

¿Otro cuento?

Al día siguiente yo estaba muy cansada. Mientras mi hermana y yo íbamos al colegio, ella preguntó: "Oye, ¿cómo terminó la historia?" Así que tuve que contar la historia otra vez [1]. Hablé y hablé durante todo el camino. Terminé justo delante de la puerta y mi hermana [5] me dijo: "¡Qué bonita la historia!". Ese día por la noche, [4], ella me pidió: "¿Me cuentas otra historia?" Yo [2] le contesté que sí [6]. "Pero, otra", dijo ella, "una nueva". Por eso esa noche busqué una historia nueva, un cuento [7]: "Había una vez un pirata [3]..."

The text is complete with indefinido

b. Completa ahora el texto con estas informaciones poniendo el número en la casilla correspondiente.

1. porque ella no recordaba nada
2. estaba muy cansada, tenía sueño, pero
3. que se llamaba Patapalo
4. cuando estábamos otra vez en la cama
5. que estaba muy contenta
6. porque me gustaba mucho contar historias
7. que empezaba así

imperfecto – for description (is not essential to story)

¿Recuerdas?	
bus**car**	empe**zar**
bus**qué**	empe**cé**

c. Algunos voluntarios leen el texto completo en voz alta.
Compara la historia completa con el texto anterior. ¿Qué diferencia hay?

d. Otra versión de la historia.
¿Puedes cambiar la historia de las dos niñas? Inventa otras informaciones para las casillas. Luego se leen y comparan las diferentes versiones.

por eso – therefore

Las dulces mentiras de la infancia

6 a. Valentina nos cuenta cómo descubrió quién era de verdad el ratoncito Pérez.
Completa la historia con las formas del imperfecto o indefinido.

Yo *tenía* (*tener*) seis años y todavía .... (*tener*) los dientes de leche. Un domingo, mientras toda la familia .... (*comer*), perdí un diente. Mis padres y mis tíos me .... (*decir*): "El ratoncito Pérez va a venir a buscar el diente y te va a dejar dinero a cambio". Primero lo creí y .... (*ponerse*) muy contenta. Pero yo .... (*ser*) una niña muy curiosa y siempre .... (*querer*) verlo y saberlo todo. Por la noche .... (*estar*) muy cansada, pero no me .... (*poder*) dormir. De pronto, ... (*escuchar*) un ruido, pero no .... (*abrir*) los ojos. Mis padres .... (*entrar*) en la habitación y, para mi sorpresa, ... (*poner*) una moneda debajo de la almohada. Al día siguiente, yo no .... (*decir*) nada, porque todavía me quedaban muchos dientes de leche. Es que además de ser una niña muy curiosa, también .... (*ser*) una niña muy lista. Total que en los meses siguientes .... (*recibir*) mucho dinero.

b. No sólo el ratoncito trae regalos. ⏭ 11–12
Tradicionalmente los Reyes Magos traen los regalos de Navidad. Escucha a estas personas que cuentan cómo se enteraron de la verdad. Marca las opciones correctas.

	¿Quién le contó la verdad?	¿Qué edad tenía?	¿Cómo reaccionó?
Yolanda	☐ su madre ☐ su abuela	☐ seis años ☐ ocho años	☐ no lo creyó ☐ se puso contenta
Miguel	☐ su amigo ☐ su padre	☐ diez años ☐ trece años	☐ no dijo nada ☐ se puso triste

c. Con la información de la tabla, resume en una frase la historia de Yolanda y en otra la de Miguel.

- A Yolanda su madre le contó la verdad cuando…

d. ¿Te acuerdas?
Toma notas en la tabla y luego cuenta cómo descubriste cosas que no eran verdad relacionadas con la navidad u otro tipo de fiesta o celebración.

¿Qué edad tenías?	¿Dónde estabas? ¿Con quién?	¿Qué pasó?	¿Cómo reaccionaste?

contar una anécdota

Cuando yo tenía…
Estaba en… con…
Entonces…
Total, que…

Siempre hay historias para contar

7 a. ¿Recuerdas cómo fue?

Combina una circunstancia y un acontecimiento para contar algo de tu vida.

tener 24 años	aprender a cocinar
estar en la universidad	decidir mudarse
vivir todavía en casa de mis padres	conocer a mi mujer / marido
compartir piso	terminar la escuela
ser joven y guapo/-a	encontrar el primer trabajo
estar en una fiesta / manifestación	enamorarse por primera vez

- Cuando tenía 24 años, conocí a mi marido.

7-9

b. Cada día nos pasan cosas. ¿Qué le pasó a Paco? Contad su historia.

1 **Era un viernes por la noche y (yo, estar) en casa.**

2 **Vi en el periódico**

3 **que (haber) una nueva película con Penélope Cruz**

4 **y (decidir) ir al cine.**

5 **No (tener) mucho tiempo**

6 **porque la película (empezar) a las 20.30 y ya (ser) las 20.15.**

7 **Por eso (tomar) un taxi.**

8 **Cuando (entrar) en el coche, (ver) que la conductora (ser) muy guapa.**

9 **Le (dar) la dirección del cine.**

10 **Entonces ella me (preguntar): "¿Vas a ver la última de Penélope Cruz?"**

11 **Le (contestar) que sí y (nosotros, empezar) a hablar de películas.**

12 **(Haber) mucho tráfico, por eso (llegar) demasiado tarde. "Lo siento mucho", me (decir).**

13 **"No importa", (yo, contestar) y le (preguntar): "¿Quieres tomar un café conmigo y hablamos un poco más de películas?"**

14 **Ella (aceptar).**

15 **Total que a las 22.30 (ir) juntos al cine a ver la película. Así (conocer) a mi pareja.**

8 a. Conectores.

Ya conoces estas expresiones que sirven para estructurar una historia.
¿Cómo se dicen en tu lengua?

primero	....	un domingo	....	cuando	....
luego	....	al día siguiente	....	mientras	....
después	....	entonces	....	porque	....
al final	....	total que	....	por eso	....

b. Completa este texto con algunos de los conectores y compara con un compañero.

"El sábado pasado no fue mi día: .... me desperté a las seis .... los vecinos hacían mucho ruido. .... fui al baño y vi que no había agua caliente. .... no pude ducharme. La calefacción tampoco funcionaba. .... esperé hasta las ocho y llamé al técnico que me dijo: "Imposible llegar hasta la tarde." .... hacía mucho frío en casa, me resfrié y .... me pasé todo el domingo en la cama."

c. Escribe una historia en dos frases utilizando en total tres conectores.

Un domingo estaba en casa y decidí dar un paseo. Cuando paseaba por el parque llegó un perro enorme, entonces empecé a correr y en el camino a casa perdí las llaves.

9 a. ¿Sabes qué me pasó ayer? ⏭ 13

Escucha lo que cuenta Irene de su día de ayer y ordena los dibujos.

b. Escucha otra vez y escribe la historia con ayuda de estos elementos usando el tiempo verbal correspondiente.

tener una noche emocionante
ir al cine
ir a tomar una copa
ser tarde
no haber metro
volver a pie
llegar a casa
descubrir
no tener las llaves
mirar las ventanas
haber luz
tocar el timbre
abrir la puerta
ser alto y moreno
explicar la situación
invitar a entrar
encontrar las llaves en el bolsillo

✎ 10, 11

Portfolio
Puedes guardar una fotocopia de las historias en tu dosier.

Tarea final Una historia colectiva

¿Quieres participar en la creación de muchas historias? Con esta actividad es fácil convertirse en autor.

1. En una hoja en blanco cada alumno empieza a escribir una historia. Después de tres minutos, le pasa la hoja a su compañero de la derecha.

2. Cada vez que uno recibe una historia nueva, la lee y decide cómo continúa, escribiendo una o dos frases.

3. El profesor anuncia el final. Entonces se pasa la hoja una vez más y la próxima persona decide cómo termina la historia. Al final se exponen todas las historias en el aula.

Era un día feo, llovía y hacía frío.

Pero yo estaba contenta porque era mi primer día de trabajo.

La clave está en el pasado

Capítulo 3: El escenario del crimen

Después de hablar con el director, fuimos a ver el lugar donde estaba guardado el documento. Observar el lugar es muy importante para la investigación.
Entramos en la habitación.
– ¿Sabe si han cambiado cosas? – le pregunté al director del museo.
– Sí. Algunas. Tengo una foto de cómo estaba la habitación antes del robo.
– Fantástico. ¿Me la puede mostrar? Así mi asistente puede hacer una comparación.
El director me dio la foto que está a la izquierda.
Yo hice la foto que está a la derecha.

Una tarea para ti, mi asistente: aquí tienes dos fotos del lugar donde se guardaba el documento. Necesito una descripción detallada de cómo era antes y después del robo. ¿Puedes hacerla?

De fiesta

Las Fallas de Valencia

Del 15 al 19 de marzo Valencia vive las Fallas, una fiesta llena de color, fuego y ruido para celebrar la primavera. ¿Todavía no has estado en las Fallas de Valencia?

Pues no has vivido una de las fiestas más espectaculares de España. Me llamo Eva Martínez, soy profesora de español y quiero presentaros esta gran fiesta de mi ciudad.

El nombre viene de unas esculturas enormes de cartón que se llaman "fallas". Estas esculturas están formadas por muchas figuras y pueden tener hasta 20 metros de altura. Cada falla tiene un tema, generalmente de actualidad y de carácter satírico.

Cada barrio de la ciudad tiene su propia falla. Los vecinos se reúnen en asociaciones durante todo el año para prepararla. Después, las fallas se ponen en una plaza o en una esquina del barrio y el día 19 de marzo se queman. Mucha gente que no es de Valencia piensa que estamos locos: todo el año preparamos las fallas y después ¡las quemamos!

Pero no se quema todo: una figura se guarda. No toda la falla, sólo una figura. Hay un concurso y la figura ganadora no se quema, sino que va al Museo de las Fallas.

una falla

los petardos

La fiesta dura cinco días y es muy, muy ruidosa. No sólo porque hay música, sino por el ruido de las explosiones de los petardos. Cada día, a las dos de la tarde, tiene lugar "la mascletá", un juego de petardos que tiene una "melodía". Para nosotros, los valencianos, es música; para los turistas, mucho ruido. Durante el día se visitan las fallas y se come y se bebe por la calle en los numerosos puestos de comida y bebida. Por la noche, hay conciertos gratis de artistas muy famosos y a medianoche un espectáculo de fuegos artificiales. Los valencianos somos famosos por los fuegos artificiales. Luego, vamos a bailar y a pasarlo bien en los bares.

Y a las ocho de la mañana, la fiesta empieza de nuevo con mucho ruido de petardos para despertar a los vecinos y para recordar que la fiesta sigue.

La noche de San José se queman las fallas. Es un espectáculo de fuego sin igual. De las fallas casi no queda nada. Y entonces ya empezamos a pensar en la fiesta del próximo año. ¿Nos vemos en Valencia?

la quema de las fallas

- *¿Conoces otra fiesta con figuras grandes? ¿Y con fuego?*
- *¿En qué ocasiones hay fuegos artificiales en tu país?*

Mirador

Un mirador es un lugar desde donde se puede mirar un paisaje. Aquí te invitamos a reflexionar sobre lo que has aprendido en las tres lecciones anteriores. Además, puedes encontrar consejos para aprender mejor.

Hablamos de cultura: lenguas en el mundo hispano

1 **a. ¿Qué sabes de este tema? Marca tus respuestas. A veces hay más de una opción.**
Luego lee el texto. ¿A qué preguntas del cuestionario responde?

1. El español
   - ☐ es una de las 4 lenguas más habladas.
   - ☐ se llama también "castellano".
2. El gallego es
   - ☐ un dialecto.
   - ☐ una lengua.
3. En gallego hay
   - ☐ periódicos y libros.
   - ☐ programas de radio.
4. El vasco
   - ☐ es una lengua oficial en España.
   - ☐ es una lengua románica.
5. La lengua oficial del Perú es
   - ☐ el castellano.
   - ☐ el quechua.
6. En Bolivia se aprende
   - ☐ quechua o aymara en la escuela.
   - ☐ el quechua en todas las escuelas.

Las lenguas oficiales de España

¿Recuerdas a José Mujika Eizagirre, el bombero de la unidad 1? ¿Y puedes imaginar por qué en un campeonato creían que era de Afganistán? Es que tiene un nombre vasco.
El vasco es, con el gallego y el catalán, una de las tres lenguas oficiales que se hablan en España además del español o castellano. El vasco se habla en el País Vasco y parte de Navarra y es realmente una lengua muy diferente porque, a diferencia de las otras tres, no viene del latín. En realidad todavía hoy no se conoce su origen.
El gallego se habla en Galicia y es parecido al portugués. El catalán se habla en Cataluña, en la Comunidad Valenciana y en las Islas Baleares. ¿Es parecido a otras lenguas? Pues un poco al francés y al italiano. Es interesante ver cómo se transforman las lenguas según el lugar geográfico donde se hablan.
¿Quieres saber cómo se dice "buenos días" y "adiós" en cada lengua? Aquí lo tienes en el orden "geográfico": desde el océano Atlántico hasta el mar Mediterráneo.

b. Escucha a unos hispanohablantes y compara con tus respuestas en el cuestionario. ⏭ 14
¿Y en tu país? ¿Qué lenguas se hablan? ¿Son todas oficiales? ¿Hay dialectos? ¿Dónde? ¿En qué ocasiones se usan?

similitudes y diferencias culturales • autoevaluación • una imagen como actividad de expresión oral • estrategias de aprendizaje

4

Ahora ya sabemos...

Aquí tienes la posibilidad de valorar lo que has aprendido en las últimas lecciones. Marca en los dibujos de las caras el nivel que crees tener en cada tema. Luego haz las tareas y compara los resultados con un compañero o pregunta a tu profesor si no estás seguro.

2 En la consulta del médico y en la farmacia. 😊 🙂 ☹️

¿Qué dice el médico o el farmacéutico? ¿Y qué dice el paciente o cliente?

1. Para el problema de los ojos, puede tomar estas gotas dos veces al día.
2. ¡No sé qué me pasa, pero me duele mucho esta pierna!
3. No he dormido nada. Me siento mal. Hoy estoy fatal.
4. Vamos a ver, le voy a tocar la espalda. ¿Le duele aquí?
5. Tengo fiebre y mucha tos. Puede ser gripe, ¿verdad?
6. Necesito algo para el dolor de garganta. ¿Tiene algún jarabe sin receta?
7. ¿No tiene algo más fuerte para la diarrea?
8. Aquí tiene las pastillas. ¡Que se mejore!
9. ¿Necesito receta para estas gotas?
10. ¿Sabe usted si es alérgico a algún medicamento?

3 a. Experiencias de aprendizaje. ⏭ 15 😊 🙂 ☹️

Lee estas respuestas. Después escucha las preguntas 1-4 y pon el número en la respuesta adecuada.

- ☐ Sí, con los tiempos del pasado. Es lo que más me cuesta.
- ☐ Trabajar en parejas es lo que más me gusta. Así hablo más.
- ☐ Yo, los ejercicios, así puedo controlar si lo he hecho bien.
- ☐ Bueno, la "erre" y la "jota" me cuestan todavía.

Ahora haz lo mismo con las preguntas 5-8. ⏭ 16

- ☐ Sí, pero es un desorden con sistema.
- ☐ El piano me encanta. Me gustaría aprender a tocarlo.
- ☐ No, estoy bastante tranquila, es que me he preparado bien.
- ☐ Comparo mis frases con las reglas, eso me ayuda mucho.

b. Tu mesa de trabajo. 😊 🙂 ☹️

En parejas. Describe la mesa donde estudias. ¿Qué cosas hay sobre la mesa y dónde están? Tu compañero la dibuja. Luego al revés.

4 El curso de español. 😊 🙂 ☹️

Escribe una carta al director de la escuela donde aprendes español. Comenta los siguientes aspectos.

¿Qué curso hiciste antes que este y qué aprendiste?
¿Qué te gustó del curso y qué no?
¿Quién fue tu profesor, cómo era y qué sabes de él?

Terapia de errores

5 a. Errores típicos.
Silvia, una estudiante suiza, vivió un año con una familia española. Lee su carta de agradecimiento y busca los 10 errores. ¿Puedes clasificarlos según estos criterios?

- ortografía / acento
- concordancia
- tiempo verbal
- forma del verbo
- preposición
- conector
- orden de palabras
- pronombre

Querida familia:

¿Qué tal estáis? Yo, bien. Bueno, todavía me estoy adaptando a los horarios de aquí. Volví a mi casa ya desde cuatro meses, pero acuerdo me mucho de vosotros y de España.
Aquí me levanto a las siete y no tengo hambre, pero a las diez por la mañana necesito mi bocadillo de tortilla y mi café con leche cómo en España.
Os escribo porque quiero darles las gracias por el año maravillosa que pasé con vosotros. Me sentí como en mi propia casa y viví muchos experiencias interesantes y divertidas. Vosotros y yo aprendimos que "lo español" y "lo alemán" pueden combinar muy bien. En resumen, era una experiencia fantastica.
Ahora estoy preparado un viaje por Latinoamérica. Maite, ¿me acompañas?

Un abrazo a todos,
Silvia

b. Compara tus resultados con los de un compañero y explica tu decisión.
Luego entre todos se reescribe la carta sin errores para guardarla en el dosier.

Una imagen que da que hablar

6 a. Al mirar un cuadro nos podemos hacer preguntas, incluso si no vamos a tener las respuestas.
Primero mira el cuadro durante dos minutos y después cierra los ojos. ¿Qué recuerdas?

b. ¿Por qué el perro no juega con la pelota? ¿Quién es el señor de la cruz?
Estas son preguntas que alguien se ha hecho al mirar el cuadro. Y a ti, ¿qué te gustaría "preguntar" al pintor? Formula cinco preguntas. Luego, en grupos de tres, elegid las cinco más originales y presentadlas a la clase.

Equipo Crónica: Reinterpretación de las Meninas, España 1970

Aprender a aprender

7 a. ¿Aprendes mejor hablando o cantando?
Según los especialistas, todos tenemos ocho tipos de inteligencias, pero cada uno de nosotros puede tener unas más desarrolladas que otras. Eso tiene influencia en nuestra forma de aprender. Para ver si tienes una inteligencia dominante, marca con un color las cosas que te gusta hacer o que te parecen fáciles. ¿Dónde hay más color?

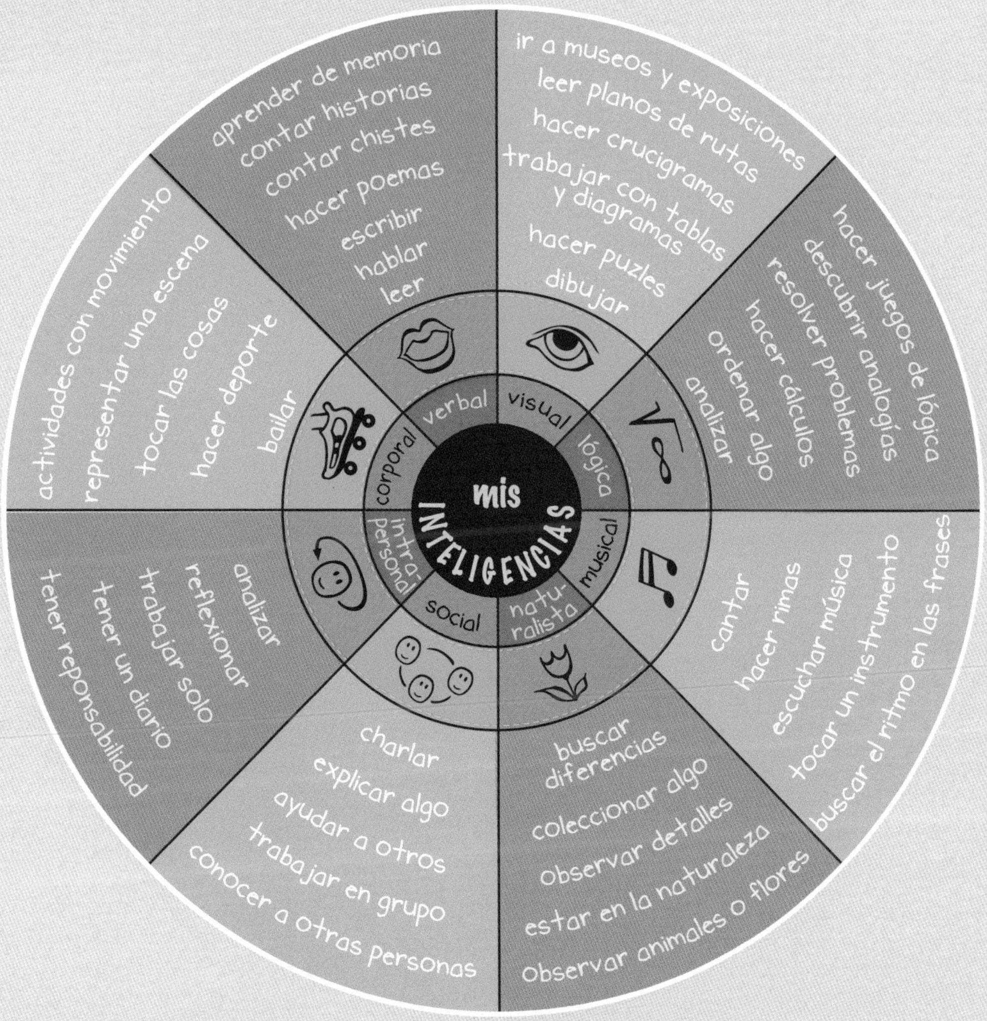

b. Ejercicios 'inteligentes'. Relaciona.
Ahora ya sabes qué inteligencias usas más. Vuelve a algunos ejercicios del libro. La mayoría de ellos tiene en cuenta una o dos inteligencias específicas. ¿A qué inteligencias crees que corresponden?

actividad	tipo de inteligencia
pág. 8, 2b	verbal
pág. 9, 4	visual
pág. 10, 6c	lógica
pág. 11, 8b	corporal
pág. 18, 2b	musical
pág. 23, 11	naturalista
pág. 24, tarea final	social
pág. 28, 3a	intrapersonal

c. Comenta las actividades con tus compañeros. ¿Te gustó hacerlas?
Si es así, probablemente coinciden con tu inteligencia dominante. Si no te gustaron, no te preocupes, seguramente no corresponden a tu forma preferida de aprender.

¡Nos vemos!

Paso a paso 4

Cuaderno de ejercicios

Índice

Mi equipaje 1

1 Algunos verbos.
Completa la tabla siguiente con las formas que faltan.

	presente	indefinido
yo	empiezo	
tú	*buscas*	buscaste
él / ella / usted	practica	
nosotros/-as		nos duchamos
vosotros/-as	trabajáis	
ellos / ellas / ustedes		compraron

presente	indefinido
	aprendí
escribes	
	comió
bebemos	
	conocisteis
viven	

! ¿Recuerdas?
yo empe**c**é
tú empe**z**aste
...

2 a. En un curso de alemán en Zaragoza.
Hoy empieza el curso y los alumnos han marcado en este cuestionario sus preferencias.
Lee las respuestas de Paco y después marca sus propios gustos.

Valora las siguientes actividades según tus preferencias

A	Escuchar el CD	5	4	3	~~2~~ X	1
B	Escribir textos	5	4	3	2	~~1~~ X
C	Hacer ejercicios de gramática	5	4	3	~~2~~ X	1
D	Jugar	~~5~~ X	4	3	2	1
E	Leer textos	5	~~4~~ X	3	2	1
F	Aprender vocabulario	5	4	3	2	~~1~~ X
G	Ver un DVD	~~5~~ X	4	3	2	1
H	Hablar con mi compañero/-a	5	4	~~3~~ X	2	1
I	Trabajar en grupos	5	4	~~3~~ X	2	1

5 Me encanta
4 Me gusta bastante
3 No me gusta mucho
2 Me aburre
1 No me gusta nada

Lo que más me cuesta es *la pronunciación.*
Lo más fácil para mí es *leer textos.*

b. Compara sus respuestas con las de Paco y escribe tres frases.

A Paco le aburre escuchar el CD, pero a mí no; a mí me gusta bastante y me parece fácil.

c. Paco y sus compañeros cuentan qué les parece más difícil del aprendizaje del alemán. ⏭ 17
Escucha y marca los aspectos que mencionan.

los artículos | leer textos | escuchar el CD | hablar | los verbos | la pronunciación | escribir textos | buscar palabras en el diccionario

3 Mis preferencias.

Completa las siguientes frases con **lo** o **lo que**.

1. .... más me cuesta de mi trabajo es levantarme temprano.
2. .... menos me gusta de mi trabajo son las horas extras.
3. Los compañeros son .... mejor de mi trabajo.
4. .... menos aburrido de mi trabajo es el contacto con los clientes.
5. Acostarme tarde es .... menos me cuesta.
6. Relajarme es .... mejor de los fines de semana.
7. El balcón es .... más me gusta de mi casa.

4 a. Objetos para estudiar.

Completa el crucigrama para encontrar el lugar donde normalmente están todos estos objetos.

1. Objeto que sirve para hablar con gente que está en otro lugar.
2. Son de metal y sirven para cortar, por ejemplo papel.
3. Es de metal y sirve para poner juntas algunas hojas de papel.
4. Es de papel y lo necesitas para escribir y tomar notas en clase.
5. Es de madera y sirve para escribir. En clase siempre necesitas uno.
6. Es de cartón o de plástico y sirve para guardar papeles.
7. Si has escrito algo mal con lápiz, puedes corregirlo fácilmente con ella.
8. Sirve para ver mejor cuando no hay luz, sobre todo de noche.
9. Puede ser de metal o de plástico y sirve para escribir.
10. En este libro puedes buscar la traducción de una palabra.

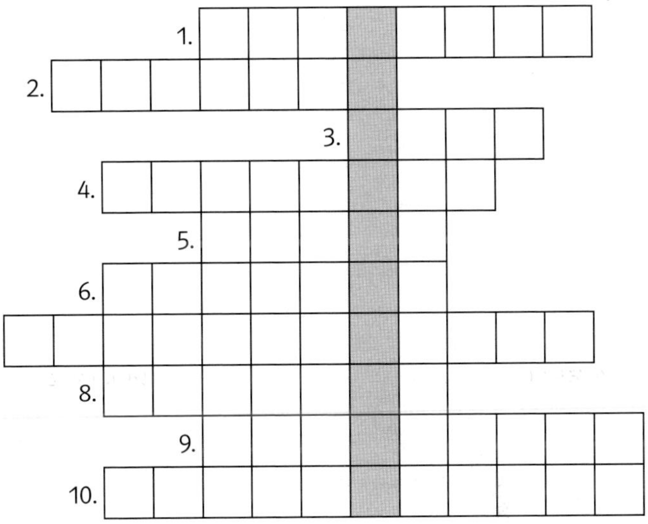

b. ¿Qué es?

Escribe ahora la definición de la solución.

5 Adjetivos y sustantivos.

Completa con los adjetivos y sustantivos correspondientes.

organizado/-a	*la organización*	el orden	*ordenado/-a*
trabajador/a	....	la paciencia	....
tradicional	....	el sistema	....
comunicativo/-a	....	la perfección	....
motivado/-a	....	el caos	....
tranquilo/-a	....	la creatividad	....

6 ¿Qué dice el horóscopo?

Completa el horóscopo con los adjetivos siguientes en la forma adecuada. ¡Cuidado, no hay que utilizarlos todos!

alegre | caótico | comunicativo | creativo | desordenado | impaciente | impulsivo | ordenado | paciente | perfeccionista | simpático | sistemático | trabajador | tranquilo

Los Leo no piensan antes de decir o hacer algo. Son ..impacientes.. En la casa de un Leo no hay nada en su lugar y ellos mismos tampoco encuentran las cosas. No sólo son ..desordndos.., son también bastante ..caóticos.. .

Los Virgo tienen siempre todo en su lugar. Son muy ..ordendos.. . También hacen todo en el mismo orden: son ..sistemáticos.. en todas sus cosas. Lo malo es que muchas veces piensan que las cosas pueden ser mejores. Son a veces demasiado ..perfeccionistas.. .

A los Libra no les gusta el ruido. Prefieren los lugares ..tranquilos.. . Siempre tienen ganas de trabajar: son uno de los signos más ..alegre.. . Uno de sus puntos fuertes es que son muy ..creativos.., tienen normalmente muy buenas ideas.

7 ¿Qué aprendieron?

Lee lo que cuentan estas personas y completa con las formas del indefinido. ¿Qué aprendieron?

1. "Bueno, pues ya sabes que vivo en las afueras, ¿no? Cuando ..murió.. *(morir)* mi marido no ..queri.. *(querer)* mudarme al centro. ..Decidí.. *(decidir)* ir a una autoescuela y enseguida ..tomé.. *(tomar)* unas clases. Al principio me ..pareció.. *(parecer)* un poco difícil, pero ..superé.. *(superar)* el miedo. El año pasado me ..compré.. *(comprar)* un coche pequeño. Mira, y ahora me gusta bastante. Incluso llevo a mis nietos a la escuela."

2. "En 1999 ..estuve.. *(estar)* por primera vez en Roma y ..pensé.. *(pensar)* en aprender el idioma. Cuando ..abrió.. *(abrir)* la nueva Escuela de Idiomas, ..fui.. *(ir)* enseguida a preguntar y un mes después ya ..empecé.. *(empezar)* con un curso básico. ..hice.. *(hacer)* otros dos cursos y ahora tengo un profesor privado porque me interesa mucho practicar la conversación."

3. "Una escuela ..abrió.. *(abrir)* muy cerca de mi casa, así que un día ..entré.. *(entrar)* para preguntar por el precio y los horarios. Una semana después las clases ya ..empezó.. *(empezar)*. El primer día ..fue.. *(ser)* un desastre: no ..pudí.. *(poder)* aprender ni un poco de chachachá. Pero poco a poco los pies ..empezaron.. *(empezar)* a seguir el ritmo de la música y este año voy a participar en un campeonato."

8 ¿Están en Buenos Aires o no?

Lee las frases siguientes y di en cada caso si las personas están en Buenos Aires o no.

1. Estuvieron en Buenos Aires hace dos semanas.
2. Estuvieron dos semanas en Buenos Aires.
3. Desde la semana pasada están en Buenos Aires.
4. De junio a septiembre estuvieron en Buenos Aires.
5. Desde hace tres días están en Buenos Aires.
6. Hoy han llegado a Buenos Aires.
7. Llegaron a Buenos Aires hace un mes.

9 El restaurante de Rafa y Carmen.

Completa las frases siguientes con **hace**, **desde** o **desde hace**.

1. Rafa es camarero en Sevilla y .... muchos años quiere abrir su propio restaurante.
2. .... un año conoció a Carmen, una excelente cocinera de Granada.
3. .... ese momento hablaron del proyecto de Rafa y al final decidieron trabajar juntos.
4. .... seis meses encontraron un local bonito en el centro de Sevilla y el banco les dio un crédito.
5. Carmen dejó su trabajo en Granada y .... cuatro semanas vive en Sevilla.
6. .... una semana abrieron su restaurante "Casa Carmen".

10 ¿Y tú?

Traduce las frases y completa con tus propios datos.

1. Empecé a estudiar español hace ....
2. Tengo un ordenador desde hace ....
3. Vivo en la misma casa desde ....
4. Conocí a mi pareja hace ....
5. Trabajo en la misma empresa desde hace ....

11 ¿Cuándo hiciste estas cosas por última vez? ¿Dónde y con quién?

Escribe unas frases con estas informaciones.

la semana pasada | a los ... años | hace un año | el verano pasado | ayer | en 2005 | en junio | el domingo | ...

1. Hacer una excursión.
2. Dormir en un cámping.
3. Dar un paseo por la playa.
4. Viajar en avión.
5. Cenar en un restaurante español o mexicano.
6. Estar en el extranjero.
7. Ver a sus abuelos.
8. Tener un virus en el ordenador.

1. Hice una excursión a la montaña el mes pasado con unos amigos.

12 ¿Perfecto o indefinido?

Lee este texto y tacha la forma falsa de los verbos.

¿Sabes con quién me he encontrado / me encontré esta mañana? Con Pepa, mi amiga del instituto. En febrero ha cambiado / cambió de trabajo y hace dos semanas se ha mudado / se mudó de piso. Ahora vive en el centro, muy cerca de su trabajo. El mes pasado ha puesto / puso un anuncio en el periódico y dos días después la han llamado / llamaron de una agencia y le han ofrecido / ofrecieron un piso precioso. ¡Ha tenido mucha suerte! Quiere celebrarlo y ha organizado / organizó una fiesta para el próximo sábado.

Mundo profesional

13 a. Una entrevista de trabajo. 18
Escucha la conversación y completa este formulario.

Pasaporte de Lenguas EUROPASS

Nombre(s) y apellido(s): ____________
Fecha de nacimiento: ____________
Lengua materna: español
Otra(s) lengua(s): ____________

Autoevaluación de la capacidad lingüística

Idioma: inglés

Escuchar:	Leer:	Hablar:	Escribir:
muy alto (C1)			B2

Experiencias lingüísticas: ____________
Título(s) o certificado(s): Proficiency (Cambridge)

Idioma: ____________

Escuchar:	Leer:	Hablar:	Escribir:

Experiencias lingüísticas: ____________

b. ¿Por qué no preparas ahora tu propio pasaporte de lenguas?

Pronunciar bien

14 a. Las consonantes b, v, d.

La **b** y la **v** se pronuncian igual en español. Su pronunciación se suaviza entre vocales *abajo, móvil.*

La **d** también se pronuncia de una manera más suave entre vocales: *nada.* Cuando aparece a final de palabra, existen pronunciaciones variadas: en un registro informal, puede desaparecer *verdad-"verd**á**"* y, en función de las diferentes zonas, puede pronunciarse desde como una **d** suave hasta como una **t** o como una **z**.

b. Lee estas palabras y después comprueba con el CD. 19

bueno – a**b**urrir
bolígrafo – a**b**uelo
valor – mara**v**illoso
vecino – mo**v**imiento
difícil – ma**d**era – ciuda**d**

Portfolio

La siguiente lista te ayudará a evaluar tu progreso en el aprendizaje. Añade por cada objetivo al menos un ejemplo y marca una de las casillas según la autoevaluación que hagas de tu capacidad lingüística. Cuando te sientas inseguro en algún punto, revisa los ejercicios correspondientes del Libro del alumno y del Cuaderno de ejercicios.

Ya puedo/sé...			
... hablar de actividades en clase: Escuchar el CD es .... Me aburre	☐	☐	☐
... expresar preferencias y dificultades: Me parece fácil .... Me cuesta	☐	☐	☐
... resaltar algo: Lo que .... es leer textos. .... más interesante es	☐	☐	☐
... indicar el material del que están hechas las cosas y su función: Un cuchillo es una cosa de .... que .... para cortar comida.	☐	☐	☐
... expresar hipótesis: .... que ese hombre es su padre.	☐	☐	☐
... indicar el grado: Mi compañero es .... paciente. Mi hermana es .... caótica.	☐	☐	☐
... describir el carácter de personas: Nuestra profesora es	☐	☐	☐
... expresar deseos: Me gustaría	☐	☐	☐

También puedo/sé...			
... usar lo (que)**:** .... más fácil es leer. .... me parece más difícil son los verbos.	☐	☐	☐
... transformar los adjetivos en -or **en adjetivos femeninos:** un chico trabajador – una chica	☐	☐	☐
... conjugar los verbos irregulares del indefinido: yo hice, tú .... ; yo estuve, tú	☐	☐	☐
... usar hace, desde, desde hace **correctamente:** Estudio español desde hace .... Visité Cuba hace	☐	☐	☐

Comunicación

Expresar preferencias y dificultades

Me gusta…
No me gusta mucho…
Me cuesta…
Me aburre…
Me parece fácil / difícil…
Lo que más me cuesta es…

Actividades en clase

leer textos
escribir textos
buscar una regla de gramática
escuchar el cedé
hacer ejercicios / juegos
trabajar en parejas / en grupos

Indicar el grado

Soy	demasiado muy bastante poco	paciente.

No soy nada creativo.

Indicar el material del que están hechas las cosas

Es	de papel. de metal. de plástico. de madera.

Indicar la función

El bolígrafo sirve para escribir.
Las tijeras sirven para cortar.
La goma sirve para borrar.
El lápiz sirve para dibujar.

Resaltar algo

Lo que me gusta son los textos.
Lo que más me cuesta son los pronombres.
Lo que menos me interesa es la gramática.
Lo más difícil es hablar.

Adjetivos para describir el carácter

ordenado/-a	↔	desordenado/-a
sistemático/-a	↔	caótico/-a
paciente	↔	impaciente
comunicativo/-a	↔	reservado/-a

perfeccionista
creativo/-a
impulsivo/-a
trabajador/a

Expresar deseos

Me gustaría aprender a pintar.
Me gustaría aprender chino.
¿Te gustaría estudiar en España?

Gramática

Lo (que)

Lo mejor de la clase es la pausa.
Lo más interesante son los juegos.
No entiendo **lo que** dice el profesor.
Lo que más / menos me gusta es leer.

Adjetivos acabados en -or

Un chico trabajador.
Alumnos trabajadores.
Una chica trabajador**a**.
Alumnas trabajador**as**.

Los adjetivos en **-or** forman el femenino en **-ora**.

Hace, desde, desde hace

hace + cantidad de tiempo	**desde** + punto en el tiempo	**desde** + **hace** + cantidad de tiempo
hace + algunos días / dos semanas / un mes / tres años	desde + ayer / el lunes / el 3 de abril / 2008	desde + hace + algunos días / dos semanas / tres meses / un año

Con **hace** expresamos el tiempo que ha transcurrido con respecto a una acción en el pasado: Empecé a estudiar español **hace** cinco años. Con **desde** nos referimos a un momento concreto en el pasado que presentamos como punto de partida de una acción o un estado. Estudio español **desde** abril de 2009. Con **desde hace** expresamos la cantidad de tiempo transcurrida desde el punto de partida: Estudio español **desde hace** un año.

Formas irregulares del pretérito indefinido

	tener
yo	tuv**e**
tú	tuv**iste**
él / ella / usted	tuv**o**
nosotros/-as	tuv**imos**
vosotros/-as	tuv**isteis**
ellos / ellas / ustedes	tuv**ieron**

infinitivo	raíz	terminaciones
estar	**estuv-**	e
poder	**pud-**	iste
poner	**pus-**	o
hacer	**hic-**	imos
querer	**quis-**	isteis
venir	**vin-**	ieron

decir	dar	ver
dije	di	vi
dijiste	diste	viste
dijo	dio	vio
dijimos	dimos	vimos
dijisteis	disteis	visteis
dijeron	dieron	vieron

La raíz de los verbos irregulares es diferente, las terminaciones son iguales para todos. En algunas formas verbales se producen cambios ortográficos para mantener la pronunciación original: hacer: hice, hiciste, hi**z**o…
Ocurre lo mismo con algunas formas de verbos regulares: buscar: bus**qué**, buscaste…; empezar: empe**c**é, empezaste…
Los verbos **decir**, **traer** y los que terminan en **-ducir** pierden la **i** en la tercera persona del plural (ellos): **dij i eron**.

¡Qué descanso! 2

1 Las partes del cuerpo.
En cada frase hay una palabra falsa. ¿Puedes corregirla?

1. Los zapatos se llevan en los **dientes**.
2. En la mano tenemos cinco **piernas**.
3. Un buen futbolista tiene que cuidar mucho sus **orejas**.
4. En situaciones formales nos damos la **barriga** para saludarnos.
5. La **espalda** nos sirve para probar la comida y para hablar.
6. El sombrero lo llevamos en la **nariz**.
7. Mi hija tiene los **brazos** azules; mi hijo los tiene marrones.
8. La minifalda tiene que ser muy corta, siempre por encima de las **manos**.

2 a. En la consulta del médico.
Lee este diálogo y completa con las palabras siguientes.

diarrea | estómago | farmacia | fatal | fiebre | grave | mejor | mejore | pasa | receta | tomar

- ● ¿Quién viene ahora?
- ○ Doctor, el señor González está esperando.
- ● Puede pasar... Hola, buenos días, señor González.
- ■ Buenos, buenos no son...
- ● A ver, ¿qué le .... hoy?
- ■ Estoy .... Me duele mucho el .... y tengo .... Yo creo que fue la ensaladilla rusa que cené ayer.
- ● ¿Tiene ....?
- ■ Sí, treinta y ocho con cinco.
- ● Mmm... Vamos a ver... Tranquilo, que no es nada .... Con esta .... puede comprar en la .... unas pastillas para la diarrea. Tiene que .... tres al día. Además hoy tiene que beber mucho y comer cosas ligeras, yogur natural por ejemplo.
- ■ Bueno, doctor, si no estoy .... mañana, vengo otra vez.
- ● ¡Que se .... , señor González!

b. ¿Qué le pasa al señor González? ⏭ 20
Escucha ahora al médico y a la enfermera hablar sobre el señor González y completa la tabla.

	ayer	hoy
¿Qué le pasa?		
¿Por qué?		
¿Qué le receta el médico?		

3 En la farmacia.

¿Cómo se llaman estos productos?

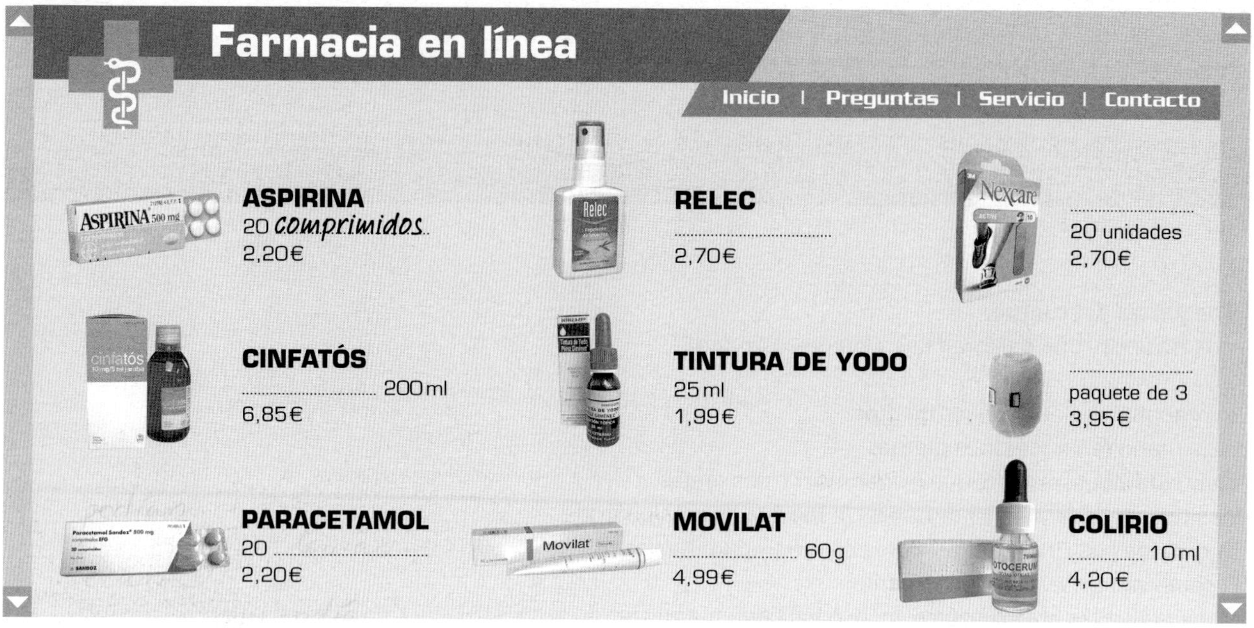

4 Consejos para una buena salud.

Escribe algunos consejos combinando los elementos de estas columnas. No olvides conjugar los verbos.

Si	te le os les —	doler tener estar	la cabeza, la espalda, los pies, fiebre, diarrea, tos, cansado, nervioso, enfermo,	poder tener que convenir ¿por qué no…?	tomar comprar quedarse beber descansar dormir trabajar	aspirinas. medicamentos. en la cama. algo caliente. mucho. menos. una infusión de hierbas. leche con miel. un baño de pies.

descansar to rest

5 a. El día a día.

Lee estos comentarios y tacha las formas falsas.

1. María Jesús: "Bueno, pues me / a mí gusta mucho mi trabajo. Tú ya le / lo sabes, ¿no? Pero hace dos semanas empecé con este nuevo proyecto y estoy muy nerviosa, porque es todo muy complicado. Me / Mí cuesta mucho concentrarme y me / te duele la cabeza. Ayer fui al médico y mí / me dijo que el / lo que tengo es estrés. Mí / Me recomendó irse / irme de vacaciones y no pensar en el trabajo."
2. Rosa: " Me / Se levanto todos los días a las seis y preparo el desayuno para los niños. Después los / se llevo al colegio en coche y me / te voy directamente a la oficina. A las cinco los / me llevo a la piscina, a la clase de inglés o al deporte. Por la noche me / te acuesto la última, porque me / le gusta ver un poco la televisión o escuchar música en el sofá."
3. Ignacio: "Mi padre ya tiene 65 años y desde marzo no trabaja. Se / Le levanta todos los días a las nueve o diez y eso está bien porque se / le encanta dormir, pero después le / se cuesta mucho organizar su día. Los primeros meses los / las pasó mejor: ordenó sus fotos, llamó a muchos amigos… Pero ahora se aburre y la / lo más interesante de su vida es hacer la compra. Necesita encontrar un hobby."

b. ¿Qué les pasa?
Lee los comentarios otra vez. Luego combina los elementos de estas columnas para formar frases sobre las personas. Hay varias posibilidades.

			horas.
	tiene	mucho/-a/-os/-as	estrés.
María Jesús	duerme	bastante/s	nervioso/-a.
Rosa	trabaja	demasiado/-a/-os/-as	tiempo libre.
El padre de Ignacio	es	poco/-a/-os/-as	activo/-a.
	está	muy	trabajo.
			—

6 ¿Adjetivo o adverbio?
Completa los diálogos con el adjetivo o el adverbio adecuado.

1. • ¿Cómo vais a visitar a tus padres?
   ○ Esta vez viajamos comodamente (*cómodo*) en el tren.
   • ¿En el nuevo AVE? La verdad es que es muy comodo (*cómodo*).
2. • Ayer tuve una conversación muy agradable (*agradable*) con el nuevo jefe.
   ○ A mí también me parece que es simpático (*simpático*).
3. • ¡Qué inteligente es Juan! Dice que ha aprendido facilmente (*fácil*) chino en muy poco tiempo.
   ○ Vaya, pues el chino no es un idioma fácil (*fácil*), creo.
4. • ¿Has leído esto? Han probado cientificamente (*científico*) que el estrés es más grave que muchas otras enfermedades.
   ○ ¿Seguro que es un estudio científico (*científico*)? Esa revista no es muy seria.

7 Gimnasia verbal.
Completa la tabla con el infinitivo de cada verbo y con la forma de **usted** en cada tiempo.

infinitivo	presente	perfecto	indefinido	imperfecto
ser	es			
				había
		ha estado		
	va			
			hizo	
ver				
		ha tenido		
				ponía

8 Las escuelas de antes.
Lee el texto siguiente y completa con los verbos en imperfecto.

Una escuela en los años 50

Mi abuelo Jesús, el padre de mi padre, ...era.... (*ser*) profesor. Esta es una foto de su escuela del año 1950. La escuela ....estaba.... (*estar*) en un pequeño pueblo de la provincia de Málaga. Los profesores entonces ....ganaban.... (*ganar*) muy poco dinero y ....tenían.... (*tener*) que hacer otros trabajos para poder vivir. Por eso mi abuelo, por las noches, ...ayudaba.... (*ayudar*) también en la oficina de Correos. Allí ....trabajaba.... (*trabajar*) también mi abuela y así los dos se conocieron.
En aquella época los niños y las niñas ....estudiaban.... (*estudiar*) por separado: ellas, con su profesora, ellos, con su profesor. Además, los alumnos no ....tenían.... (*tener*) libros, porque no ....podían.... (*poder*) comprarlos. También ....habían.... (*haber*) niños de todas las edades en la misma clase y ....tenían.... (*tener*) que aprender todos juntos. Normalmente, cuando ....eran.... (*ser*) muchos, los mayores ....ayudaban.... (*ayudar*) a los más pequeños. Mi abuelo dice que todos ....aprendían.... (*aprender*) mucho y que ....eran.... (*ser*) muy felices.

9 a. Antonio ha cambiado su vida.
Antes era director de una empresa y ahora es agricultor biológico.
¿Qué información corresponde a cada dibujo?

A

B

- [B] ir en bicicleta – [A] ir a todos los lugares en taxi
- [A] llevar siempre camisa y corbata – [B] llevar ropa vieja y cómoda   llevaba lleva.
- [A] vivir con mucho dinero – [B] vivir con poco dinero   vivía vive
- [B] dormir en una casa antigua – [A] dormir en hoteles de lujo   antes dormía y hoy duerme.
- [B] pasar todo el tiempo en el campo – [A] viajar en avión todas las semanas   viajaba hoy pasa
- [A] cenar en restaurantes caros con clientes – [B] consumir sólo los productos que cultiva   cenaba consume.
- [B] ganar dinero con la venta de quesos – [A] ganar millones con proyectos para empresas   antes ganaba ahora gana

b. Compara ahora cómo ha cambiado su vida.

Antes iba a todos los lugares en taxi, pero ahora...

Mundo profesional

10 Un nuevo colega tiene problemas en el trabajo.
¿Puedes darle consejos?

1. No tengo todavía copia de mi contrato.
2. Todavía no conozco a todos los colegas.
3. Mi ordenador no funciona bien.
4. Hay muchos clientes de EE. UU. y yo no sé inglés.
5. Necesito enviar un fax.
6. Tengo que reservar un vuelo.
7. El aire acondicionado no funciona.
8. Todavía no he leído los documentos para la reunión de mañana.

a. pedir ayuda a la secretaria
b. llamar a la agencia de viajes de la empresa
c. llamar al departamento de informática
d. ir a clases de inglés por la tarde
e. llamar al servicio técnico
f. presentarse a los compañeros
g. preguntar en el departamento de Recursos Humanos
h. quedarse en la oficina una hora más

1. ¿Por qué no preguntas...?
Puedes preguntar...

Pronunciar bien

11 a. Pronunciación y ortografía.

Como ya sabes, la pronunciación también afecta la ortografía:

- El sonido [k] se escribe con la letra **c** delante de las vocales **a**, **o**, **u**, pero **qu** delante de **e** e **i**. **Qu/qu** se escribe exclusivamente delante de las letras **e** e **i**.
- El sonido interdental [θ] se escribe con la letra **z** delante de **a**, **o**, **u**, pero con **c** delante de **e** e **i**. Las combinaciones **ze** y **zi** no existen en palabras del español, pero sí en algunas palabras que provienen de otras lenguas, como **zen** o **zinc**.

[k]		[θ]	
ca	carácter	za	zapatos
que	queso	ce	centro
qui	quiosco	ci	cinco
co	cómodo	zo	zoo
cu	cuaderno	zu	zumo

- El sonido [x] se escribe siempre con la letra **j** delante de **a**, **o**, **u**, pero delante de **e** e **i** en algunas palabras se escribe con **g** y en otras con **j**.
- El sonido [g] se escribe con **g** delante de **a**, **o**, **u**, pero con **gu** delante de **e** e **i**.

[x]		[g]	
ja	jardín	ga	ganas
je / ge	jefe / gente	gue	guerrilla
ji / gi	jirafa / gimnasia	gui	guitarra
jo	joven	go	golf
ju	jugar	gu	gusto

Cuando escuchas [ke], puedes estar seguro de que se escribe con **qu**; cuando escuchas [ku], se escribe con **c**. Teniendo esto en cuenta no te equivocarás al escribir palabras como **cuando**.

En esta unidad has visto verbos en la primera persona de singular del indefinido que tienen que cambiar su ortografía para mantener la pronunciación original, por ejemplo: *empezar – yo empe**c**é, buscar – yo bus**qu**é, pagar – yo pa**gu**é.*

b. Un poco de ortografía. ⏭ 21
Escucha estas palabras y escribe las consonantes que faltan.

cha.........eta	hi.........o	ti.........eras	practi.........é	traba.........ó	lle.........é	empe.........é
.........itarra	venta.........a	.........uarenta	.........entral	.........apato	co.........ina	a.........encia

Portfolio

Ya puedo/sé...	😊 🙂 ☹
... nombrar las partes del cuerpo: cabeza, ...	☐ ☐ ☐
... preguntar por problemas de salud: ¿Qué ....?	☐ ☐ ☐
... describir los síntomas de una enfermedad: Me duele .... Tengo .... Estoy	☐ ☐ ☐
... comprar medicamentos: Necesito .... ¿Tienen ....?	☐ ☐ ☐
... hablar de remedios: Si tengo fiebre, tomo	☐ ☐ ☐
... entender los consejos que da el médico o el farmacéutico: ¿Por qué no ....? Conviene	☐ ☐ ☐
... decir de qué modo se hace una cosa: Aprendo los verbos	☐ ☐ ☐
... describir hábitos y estados del pasado: Cuando iba al colegio, ...	☐ ☐ ☐
... usar complementos temporales para el pasado: .... los 16 años, ... los años 80, ... tenía 18 años, ...	☐ ☐ ☐

También puedo/sé...	😊 🙂 ☹
... indicar el grado: He comido .... mayonesa. Yo hago .... deporte.	☐ ☐ ☐
... formar adverbios en -mente **a partir de adjetivos:** lento – ...., fácil – ...., agradable –	☐ ☐ ☐
... usar adjetivos y adverbios: Entender la gramática es .... Entiendo la gramática	☐ ☐ ☐
... conjugar los verbos regulares del imperfecto: yo hablaba, tú ....; yo comía, tú	☐ ☐ ☐
... y el imperfecto de los verbos ser, ver, ir**:** ser: yo ....; ver: tú ....; ir: usted	☐ ☐ ☐

Comunicación

Partes del cuerpo

la cabeza	la boca	la pierna
la cara	los dientes	la rodilla
la piel	la garganta	el pie
el ojo	la espalda	el pecho
la nariz	el brazo	el estómago
la oreja	la mano	la barriga

Preguntar por problemas de salud

¿Qué te / le pasa?
¿Qué te / le duele?
¿Tiene/s fiebre?
¿Tiene/s diarrea?

Describir los síntomas de una enfermedad

Tengo	fiebre.	Me duele	el estómago.	Estoy	resfriado/-a.
	diarrea.		la cabeza.		cansado/-a.
	tos.		la espalda.		enfermo/-a.
	gripe.	Me duelen	los pies.		bien / mal / fatal.

En la farmacia

Necesito algo para el dolor de cabeza.
¿Tienen algo para…?
Me duele la garganta, ¿qué me recomienda?
¿No tiene algo más fuerte?
Puede tomar…
¿Por qué no toma…?
Conviene tomar estas pastillas.
Para eso se necesita receta.

Expresiones temporales para situar en el pasado

A los 16 años…
Cuando tenía 16 años…
Cuando iba al colegio…
En los años 80…

Indicar de qué modo se realiza una acción

Vamos a la sauna regularmente.
Para evitar problemas de estómago conviene comer lentamente.
Pasé el fin de semana tranquilamente en casa.

Hablar de remedios para una enfermedad

Si me duele la cabeza, tomo una aspirina.
Si tengo fiebre, me quedo en la cama.
Si estoy resfriado, bebo zumo de limón.

Describir y hablar de acciones habituales en el pasado

Ya en el sigo XIX la gente iba a un balneario para disfrutar de las aguas medicinales.
En esa época los balnearios eran lugares exclusivos.
Muchos clientes de Mondariz eran personas ricas que podían pagar esos lujos.
Se alojaban en el Gran Hotel, que ofrecía un servicio exquisito.

Gramática

Adjetivos y adverbios

Adjetivo
Tengo un horario regular.
Es una conversación agradable.
Aprender el indefinido es fácil.
Vivimos en un barrio tranquilo.

Los adjetivos modifican al sustantivo.

Adverbio
Hago deporte regularmente.
Charlamos agradablemente.
Con esta regla se aprende fácilmente.
Dormimos la siesta tranquilamente.

Los adverbios pueden modificar a un verbo, a un adjetivo, a otros adverbios o a una frase completa.

Adverbios terminados en -mente

Adjetivo	Adverbio
tranquilo/-a	tranquil**amente**
lento/-a	lent**amente**
agradable	agradable**mente**
fácil	fácil**mente**

Para transformar un adjetivo en un adverbio, sólo hay que añadir la terminación **-mente** a la forma femenina del adjetivo.
Los adjetivos que llevan tilde, la mantienen.

El pretérito imperfecto

	-ar: buscar	**-er/-ir**: hacer
yo	busc**aba**	hac**ía**
tú	busc**abas**	hac**ías**
él / ella / usted	busc**aba**	hac**ía**
nosotros/-as	busc**ábamos**	hac**íamos**
vosotros/-as	busc**abais**	hac**íais**
ellos / ellas / ustedes	busc**aban**	hac**ían**

	ser	ver	ir
yo	era	veía	iba
tú	eras	veías	ibas
él / ella / usted	era	veía	iba
nosotros/-as	éramos	veíamos	íbamos
vosotros/-as	erais	veíais	ibais
ellos / ellas / ustedes	eran	veían	iban

El imperfecto de **hay** es **había**.
Dos de los usos del imperfecto son: describir cualidades en el pasado y presentar acciones habituales pasadas.

¿Te acuerdas? 3

1 Imperfecto e indefinido.

Completa el crucigrama con las formas del imperfecto y del indefinido.

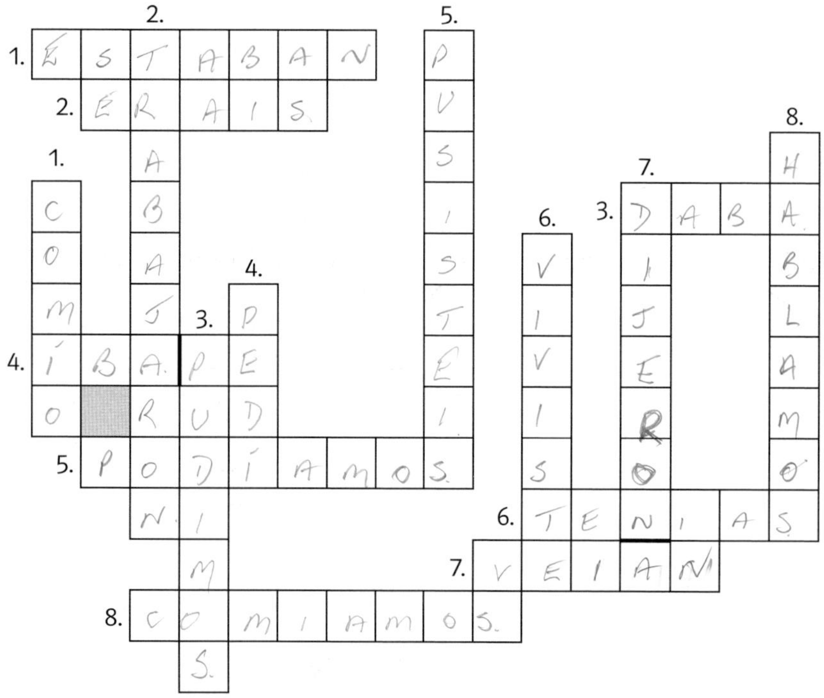

Horizontal: imperfecto

1. estar, ellos
2. ser, vosotros
3. dar, yo
4. ir, ella
5. poder, nosotros
6. tener, tú
7. ver, ustedes
8. comer, nosotros

Vertical: indefinido

1. comer, él
2. trabajar, ellos
3. poder, nosotros
4. pedir, yo
5. poner, vosotros
6. vivir, tú
7. decir, ellos
8. hablar, nosotros

2 ¿Qué se hacía en los años 60 y 70?

Escribe la mayor cantidad de frases posibles, utilizando los verbos en imperfecto.

		televisión en blanco y negro.
		series como "Flipper" o "Bonanza".
Mucha gente	tener	un Seat 600 o un Fiat 500.
Los niños	ver	un ordenador Spectrum o Commodore.
Los jóvenes	ir	todo el día en la calle.
Mis amigos y yo	jugar	minifalda.
Mi familia	llevar	a los Beatles y a los Rolling Stones.
Yo	escuchar	el pelo largo.
		a la escuela el sábado.
		a manifestaciones políticas.

Mucha gente tenía televisión en blanco y negro.

3 Animales en libros y películas.

¿Puedes completar estos títulos con los nombres de los animales?

abeja | caballo | cerditos | gato | ~~león~~ | monos | pájaros | pantera | perro | ratón (2x)

1. El rey *léon*
2. Los .... de Hitchcock
3. La .... Maya
4. El .... de los Baskerville
5. El .... de campo y el .... de ciudad
6. El .... con botas
7. Los tres ....
8. Un .... llamado Furia
9. La .... rosa
10. La leyenda de Tarzán, el rey de los ....

4 Grupos de animales.

Clasifica los animales en los grupos siguientes. Hay varias posibilidades.

abeja | caballo | cerdo | cocodrilo | delfín | elefante | gato | jirafa | león | leopardo | mono | ostra | oveja | pájaro | papagayo | perro | pingüino | pulpo | ratón | tigre | toro | tortuga | vaca | mosquito

1. Animales que viven en el mar: ....
2. Animales que viven en la selva: ....
3. Animales que vuelan: ....
4. Animales que tenemos en casa: ....
5. Animales que ha visto en la naturaleza: ....
6. Animales que ha visto en el zoo: ....

5 ¿Con o sin pronombre?

Recuerda que algunos verbos cambian de significado si llevan el pronombre reflexivo. Tacha las formas falsas.

1. • ¿Sabes? Ayer encontré / me encontré con Gustavo en la universidad. Estaba poniendo / poniéndose un anuncio para buscar un compañero de piso.
   ○ Pero ¿Mila y él ya no viven juntos?
   • Pues le pregunté por Mila y puso / se puso muy rojo. Me dijo que Mila ha vuelto a casa de sus padres.
   ○ ¿Ah sí?

2. • Ana, ¿ has llamado / te has llamado a Roberto?
   ○ No, pero he encontrado / me he encontrado con él. Hemos quedado / Nos hemos quedado para ir al cine juntos.

3. • Por fin he encontrado / me he encontrado un piso que me gusta. ¿Por qué no pones / te pones el abrigo y vamos a verlo?
   ○ Pero ¿ahora?
   • Sí, no quiero poner / ponerte nerviosa, pero hay mucha gente interesada...

4. • Eva no viene. Ha quedado / Se ha quedado en casa porque le dolía un poco la cabeza y ha decidido dormir / dormirse la siesta.
   ○ ¡Qué pena! ¿ Has quedado / Te has quedado con alguien más?
   • No, vamos sólo tú y yo.

6 Diminutivos.

Completa con los sustantivos y diminutivos correspondientes.

el gato ……*el gatito*……
la abuela ……………………
el libro ……………………
la casa ……………………
el ratón ……………………

……*la hermana*…… la hermanita
…………………… el regalito
…………………… la cervecita
…………………… el cafecito
…………………… el barquito

7 Elvira ha cambiado su vida.

Combina las expresiones de las tres columnas para comparar la situación de antes con la actual.

antes	lo que pasó	situación actual
1. comer comida rápida	– ponerse enferma	– hacer viajes tres veces al año
2. no viajar mucho	– cambiar de empresa	– no hacer más deporte
3. jugar al tenis	– tener que hacer un viaje de trabajo a París	– navegar en internet todos los días
4. llegar siempre tarde a la oficina	– tener un hijo	– comer sólo comida sana
5. no usar internet	– comprar un ordenador	– ya no comprar cigarrillos
6. fumar mucho	– tener problemas en las rodillas	– ser la primera en la oficina

Antes Elvira comía comida rápida, pero un día se puso enferma.
Ahora come sólo comida sana.

8 ¿Indefinido o imperfecto?

Lee las frases siguientes y elige cuál es el final correcto.

1. Cuando yo tenía 18 años, …
   - ☐ fui a la piscina todos los días.
   - ☒ iba a la piscina todos los días.
2. Cuando Mariana trabajaba en La Caixa, …
   - ☐ fue al trabajo en metro.
   - ☒ iba al trabajo en metro.
3. Cuando vimos esta casa, …
   - ☒ decidimos comprarla enseguida.
   - ☐ decidíamos comprarla enseguida.
4. Cuando Felipe era pequeño, …
   - ☒ jugaba en la calle.
   - ☐ jugó en la calle.
5. Cuando iba en moto con Óscar, …
   - ☐ teníamos un accidente.
   - ☒ tuvimos un accidente.
6. Cuando terminé la novela, …
   - ☒ la leyó mi hermano.
   - ☐ la leía mi hermano.
7. Cuando estudiaba en la universidad, …
   - ☒ siempre estaba cansado.
   - ☐ siempre estuve cansado.
8. Cuando Lidia tenía 14 años, …
   - ☒ sus padres se mudaron a otra ciudad.
   - ☐ sus padres se mudaban a otra ciudad.

9 **a. La historia de Alicia y Luis.**
Escribe las historias de estas dos personas en pasado y decide si los verbos van en imperfecto o en indefinido.

Alicia, profesora de francés:
"Cuando iba a la escuela…"

- Estudiar inglés y portugués.
- En verano de 2002 hacer un viaje a Francia.
- Enseguida decidir estudiar francés.
- En 2009 trabajar en una feria de coches.
- Conocer a Luis en la feria.
- Luis ser un hombre muy atractivo.
- Enseguida enamorarse de él.

Luis trabaja en una empresa de coches:
"Cuando estudiaba en la universidad…"

- Tener muchos planes.
- En 2004 encontrar trabajo en una empresa de coches.
- En 2009 conocer a Alicia en una feria de coches.
- Alicia ser guapa e interesante.
- Poco tiempo después mudarse a casa de Alicia.

b. Alicia y Luis cuentan un poco más sobre sus vidas. ⏭ 22
Lee las frases. Luego escucha el CD y marca las informaciones que son correctas. Corrige las falsas.

1. ☑ Se conocieron en el aeropuerto. (el avión)
2. ☑ En la empresa de Luis muchos hablaban francés.
3. ☑ Luis se mudó a casa de Alicia poco después.
4. ☒ Antes Luis vivía con unos amigos. (padres)
5. ☐ Alicia compró la casa hace dos años.
6. ☑ Alicia pidió un crédito para comprar la casa. (ask for a loan)

10 **a. Algunos conectores.**
¿Has notado que algunos conectores tienen un significado muy parecido a otros? Relaciona.

entonces	al final
así que	como
finalmente	después
porque	por eso
al día siguiente	total que
resulta que	un día después

! **Como** y **porque** introducen una causa, pero una frase introducida con **porque** no puede preceder a la consecuencia: *Como llovía, tomé un taxi. = Tomé un taxi porque llovía.*

b. ¿Qué le pasó el martes a Mercedes?
Intenta estructurar la historia con ayuda de las expresiones siguientes.

primero | después | al final | dos horas después | mientras | cuando | como | porque | por eso

Era martes por la tarde. .... Mercedes llegó a casa después del trabajo, abrió la nevera y vio que no había casi nada. Tenía mucha hambre, ... decidió ir al supermercado. Salió del apartamento y tomó el ascensor, pero .... bajaba, el ascensor se quedó entre dos pisos. .... toco el botón de alarma, pero no vino nadie. .... empezó a gritar y a pedir ayuda, ... nadie oía la alarma. .... unos vecinos la ayudaron a salir. .... eran ya las nueve, todas las tiendas estaban cerradas. .... decidió pedir una pizza y sentarse delante de la tele.

11 ¿Qué pasó?

Ayer Paco hizo muchas cosas. Formula frases usando el imperfecto o el indefinido y los conectores siguientes. A veces hay varias posibilidades.

cuando | mientras | como | porque | por eso | así que

1. tener hambre - desayunar en el bar de la esquina
2. no haber agua caliente - ducharse con agua fría
3. tener que ir al aeropuerto - tomar un taxi
4. estar en una entrevista de trabajo - sonar el móvil
5. pasear por el centro - ver un robo
6. nevar mucho - no llegar a tiempo al aeropuerto
7. esperar el autobús - encontrarse con un amigo
8. tener dolor de cabeza - acostarse a las ocho

1. Como Paco tenía hambre, desayunó...
Paco tenía hambre, por eso...

Mundo profesional

12 Un buen currículum.

Lee el currículum siguiente y resume la información.

Teresa nació el 14 de junio de 1972. De 1986 a 1989 fue a la escuela...

Nombre:	Teresa
Apellidos:	Romera Abad
Fecha de nacimiento:	14-6-1972
Dirección:	Avda. Virgen de Guadalupe, 24 10001 Cáceres
Teléfono de contacto:	927 23 44 71

Estudios:

1986 - 1989	Escuela Secundaria (Instituto de Secundaria Ágora, Cáceres)
1990 - 1993	Estudios Universitarios: Diplomada en Turismo (Universidad de Extremadura)

Experiencia profesional:

1992	Prácticas de recepcionista en el Hotel Alfonso IX Cáceres
1994 - 1998	Asistente de dirección en el Parador Nacional de Cáceres
1999 - actualidad	Directora de la agencia de viajes "Romera"

Idiomas:

inglés:	Nivel avanzado (C1)	
	1991 - 1994	Cursos en la Escuela Oficial de Idiomas de Cáceres
alemán:	Nivel intermedio (B1)	
	Verano 1997	Curso intensivo en la Universidad de Friburgo

Pronunciar bien

13 **a. La pronunciación de r / rr.**

¿Te has dado cuenta de que en español se pronuncia la **r** de diferentes formas?
A principio de palabra y cuando se escribe **rr**, la punta de la lengua vibra más fuerte, es decir, produce un sonido vibrante múltiple: **regla**, **arriba**. Cuando la **r** está en el medio, entre vocales o a final de palabra, la punta de la lengua produce una vibración muy ligera: **caro**, **ayudar**. Ten en cuenta que la forma de pronunciar la **r** puede diferenciar significados de palabras: *pero* – *perro*.
En algunas lenguas, la **r** a final de palabra se pierde o se suaviza mucho su pronunciación; si es tu caso, intenta pronunciar la **r** española a final de palabra con claridad.

b. ¡A practicar! ⏭ 23
Lee estas palabras y marca cómo se pronuncia la **r** (vibración fuerte o ligera). Comprueba con el CD.

perro | pero | abierto | borrar | aburrirse | responder | oreja | barriga | nariz | rodilla

c. Palabras diferentes. ⏭ 24
Lee estas palabras y concéntrate en la pronunciación de la **r** y en la entonación. Comprueba con el CD.

vivía – vivir   aprende – aprender   esta – Ester
salía – salir   dibuja – dibujar

Portfolio

Ya puedo/sé…			
… hablar de recuerdos: Me acuerdo de .... Recuerdo que una vez	☐	☐	☐
… describir hábitos del pasado: Vivíamos en .... Todos los días	☐	☐	☐
… contar cosas que sucedieron en el pasado: Yo .... a mi marido en 1989.	☐	☐	☐
… nombrar algunos animales: el perro, ...	☐	☐	☐
… diferenciar planos en un relato: Como yo .... mucha hambre, ... al supermercado.	☐	☐	☐
… estructurar una historia: Primero llegué a casa, ... preparé la cena y .... puse la televisión.	☐	☐	☐

También puedo/sé…			
… diferenciar el uso reflexivo del uso no reflexivo de un verbo: pongo el CD en el ordenador – .... un sombrero – .... triste	☐	☐	☐
… construir diminutivos: la casa – ...., el ratón – ...., pequeño –	☐	☐	☐
… diferenciar el imperfecto del indefinido: El ratón .... el diente porque .... parecido a la perla.	☐	☐	☐

Comunicación

Hablar de recuerdos

¿Se acuerda de sus primeras vacaciones en la playa?
¿Recuerdas la moda de los ochenta?
Me acuerdo de los cuentos que me contaba mi hermana.
Recuerdo que una noche mi hermana me pidió un cuento.

Animales

el perro	el toro	el león
el gato	el caballo	la tortuga
el cerdo	la oveja	el ratón
la vaca	el pájaro	el delfín

Hablar de acciones habituales del pasado

Mi hermana y yo dormíamos en la misma habitación.
Mi abuela nos leía cuentos.
Nunca veíamos la televisión.

Hablar de acontecimientos en el pasado

Mi hermana me pidió un cuento antes de dormir.
Pero después de algunas frases se durmió.
Entonces al día siguiente lo repetí.

Diferenciar entre la descripción de una situación y los acontecimientos al relatar

Estaba cansado y me quedé en casa.
No tenía mucho tiempo, por eso decidí tomar un taxi.
Cuando entré en el coche, vi que *la conductora era muy guapa*.
Había mucho tráfico, por eso llegamos demasiado tarde.

Estructurar una historia

primero
luego
después
al final
de pronto

un domingo
al día siguiente
entonces
así que
total que

cuando
mientras
porque
como
por eso

Gramática

Verbos que cambian de significado cuando son pronominales

poner	→	¿Tú **ponías los dientes debajo de la almohada** cuando se te caían?
ponerse + Adj.	→	Cuando me compraban regalos, **me ponía muy contenta**.
ponerse + Subst.	→	Para la fiesta voy a **ponerme los zapatos rojos**.
encontrar	→	Esta mañana **he encontrado diez euros** en el suelo.
encontrarse	→	Esta mañana **me he encontrado con Luis** por la calle.
llamar	→	El teléfono no funciona. Tenemos que **llamar a un técnico**.
llamarse	→	Hola, **me llamo Cristina**. ¿Y tú?
dormir	→	¡Hoy **he dormido** diez horas!
dormirse	→	Cuando me contaban un cuento, **me dormía** más rápido.
quedar	→	**He quedado con unos amigos** para salir esta noche.
quedarse	→	Me han invitado a salir, pero prefiero **quedarme en casa**.

Algunos verbos cambian de significado cuando se usan con pronombre o sin él.

Diminutivos

cosa – cos**ita**	pequeño – pequeñ**ito**
libro – libr**ito**	gordo – gord**ito**
ratón – raton**cito**	bajo – baj**ito**
café – cafe**cito**	viejo – viej**ito** / viej**ecito**

Las terminaciones **-ito/-ita** o **-cito/-cita** se pueden añadir a sustantivos o adjetivos para darles un significado de "tamaño menor" u otros valores relacionados con la valoración afectiva que queremos expresar (cercanía, cortesía, ironía, menosprecio...).
A menudo también se usan para expresar cariño: abuel**ito**.

El uso del indefinido y del imperfecto

Acción principal: indefinido	Descripción, situación, circunstancias: imperfecto
El pulpo **se encontró** con una tortuga	mientras él **paseaba** por la playa.
Ella **se encontró** con un ratón	que **paseaba** por la playa.
Primero el ratón **encontró** un botón.	**Era** blanco, pequeño y brillante.
Al final **volvió** a su casa	que **estaba** en la habitación de un niño.
El ratón **tomó** el diente	porque **era** parecido a la perla.

1 **a. Vocabulario y gramática.**
Lee este correo electrónico y marca en cada número la palabra correcta.

Querida Susana:

¡Por fin estoy [1] León! Estoy en casa de Arturo [2] dos días, pero no te he escrito antes [3] estaba muy cansado. El viaje [4] horrible: el avión a Madrid llegó muy tarde y por eso no [5] tomar el tren a León. Al final tuve que venir [6] autobús y por eso el viaje fue muy [7].
Hasta ahora no hemos hecho muchas cosas, pero [8] más me ha gustado es el ambiente del Barrio Húmedo. Los bares son fantásticos y las tapas, deliciosas. ¡Ya me lo [9]! Bueno, seguro que quieres saber más, porque eres muy [10]. Mañana te escribo.

Un beso y ¡hasta pronto!
Pedro

1. ☐ a ☐ en ☐ de
2. ☐ hace ☐ desde ☐ desde hace
3. ☐ como ☐ por eso ☐ porque
4. ☐ fue ☐ estaba ☐ fui
5. ☐ pudo ☐ he podido ☐ pude
6. ☐ con ☐ en ☐ al
7. ☐ lento ☐ lentamente ☐ rápido
8. ☐ que ☐ lo que ☐ porque
9. ☐ dijiste ☐ deciste ☐ vas a decir
10. ☐ impaciente ☐ paciente ☐ trabajadora

b. Lenguaje interactivo.
Lee el diálogo y completa las frases con cuatro de las expresiones de la derecha.

En una agencia de viajes:
- ● Buenos días. ¿Qué desea?
- ○ .... ir con mi mujer a un balneario, un fin de semana.
- ● Vamos a ver. ¿Conoce usted el balneario de Mondariz?
- ○ Pues sí. Estuvimos allí el año pasado. ¿.............................. recomendar también otros?
- ● Bueno, aquí tengo el catálogo de balnearios de este año. ¿Por qué no lo miran usted y su mujer y así deciden?
- ○ Uy, no, ... ella no sabe nada. Es una sorpresa para su cumpleaños.
- ● ¿Y qué le gusta a su mujer?
- ○ Seguro que un tratamiento de belleza .... mucho.
- ● Ah, muy bien. Entonces creo que sé lo que necesita. Ahora mismo le muestro las ofertas.

a. es que
b. me puede
c. se mejore
d. no sé
e. le gusta
f. me gustaría

2 Comprensión auditiva (selectiva). ⏭ 25 – 29

Lee las siguientes frases. Luego escucha cinco textos cortos y decide si las frases son verdaderas (+) o falsas (–). Escucha los textos una segunda vez.

1. Un anuncio de un centro de belleza y salud:
   ☐ Esta semana tiene que pagar sólo un 50% por los masajes de pies.
2. Un programa de radio:
   ☐ El remedio es contra el dolor de estómago.
3. Un anuncio sobre las fiestas de Ávila:
   ☐ Las fiestas son del 9 al 15 de octubre.
4. Un mensaje en una escuela de idiomas:
   ☐ El curso de inglés B2 es en el aula B23.
5. Una información de la consulta del Doctor Martínez:
   ☐ Los viernes la consulta está abierta de 9 a 12 y de 14 a 17 horas.

3 Comprensión lectora (global).

Decide cuál de los ocho títulos corresponde a cada uno de estos textos extraídos de una guía para visitar León y su provincia.

a. Tratamiento con piedras calientes
b. El agua, fuente de salud y belleza
c. Un museo para ver y tocar
d. Para los amantes del senderismo
e. Un alojamiento de lujo
f. Dónde comprar comida típica
g. Un dulce exquisito
h. Actividades para todas las edades

1. Balneario Caldas de Luna
Sus aguas medicinales, a una temperatura de 28,5° C, se usan principalmente para tratamientos nerviosos y de piel. En el balneario también se puede disfrutar de sus tratamientos de belleza, masajes y sauna.

2. Monasterio de San Marcos
En el centro de la ciudad, este monasterio que fue prisión tiene una de las fachadas más bellas de la región. El monasterio es también un hotel de cinco estrellas donde, además, se puede disfrutar de la comida típica de la región.

3. Mantecadas de Astorga
Hechas con harina, huevo, azúcar y canela, son un clásico de la pastelería leonesa. Para el desayuno o como postre tiene usted que probarlas. También son un regalo típico que puede usted llevar a casa como recuerdo de un viaje inolvidable.

4. La Ruta del Cares
No necesita tener mucha experiencia, sólo ganas de hacer un camino de 12 km en unas 3 ó 4 horas para disfrutar de un paisaje espectacular. No hay que olvidarse de la cámara fotográfica para llevarse a casa un recuerdo impresionante.

4 Expresión escrita.

Hace poco pasaste unos días de vacaciones en un país latinoamericano. Escribe una carta a un amigo español y menciona tres de los siguientes puntos.

- Recordar cuándo os viteis por última vez.
- Explicar por qué decidiste ir a ese país.
- Contar cómo fue tu viaje.
- Mencionar un monumento que viste o alguna comida típica que probaste.
- Contar que conociste a una persona interesante y cómo fue.
- Proponer a tu amigo un lugar y una ocasión para veros otra vez.

Querido/-a...
Un abrazo,